離婚と子どもをめぐる

令和6年
家族法改正
のキーポイント

共同親権　養育費　親子交流

弁護士
池田清貴
著

ぎょうせい

はじめに

　ある日の夕食時、高校生の娘に「『親権』って何か分かる？」と聞いてみたことがありました。娘は箸を止めて少し考えた後、「子どもを育てなきゃいけないってことかな」と答えました。なかなか興味深い答えです。「親権」という言葉には権利や権限といった単語を連想させる「権」という漢字が含まれているのに、それには目もくれず、「育てなきゃいけない」という親の責任に触れる答えを選んだのですから。ただ、これは子どもからすると自然な発想なのかもしれません。子どもとしては親にちゃんと育ててほしいと思っている。その裏返しとして、親は責任を負うべきだという考えが生まれるというわけです。私としても、なるほどこれが子どもの視点から親権を見るということなのかという気付きがありました。

　今回の家族法改正の大きな項目の一つが、この親権をめぐる改正です。父母の離婚後も双方が親権者であり続けるという選択肢ができ、双方が親権者である場合の親権行使のあり方が明文化されました。それから、親権者かどうかにかかわらず、親たるものの責務の規定が設けられました。その他にも、父母離婚時に問題となる養育費や親子交流、未成年養子縁組などについても改正がなされています。

　本書では、これらの改正について、子どもの視点を大切にしながら、分かりやすく解説していきたいと思います。読者としては、弁護士など法律関係職種、自治体職員、離婚前後の支援者、離婚当事者などの方々を想定しています。本書が今回の法改正の適切な理解の一助となることを願っております。

目次

はじめに
凡例

第1章 家族法の大改正

1 家族法改正の背景 …………………………………… 2
- ❶ 子どもの利益を最も優先して考慮する ………… 3
- ❷ 個々の努力と制度の改正 ………………………… 5
- ❸ 世界の中の日本 …………………………………… 6

2 改正に至る経緯 …………………………………… 10
- ❶ 国内の議論 ………………………………………… 11
- ❷ 法制審議会家族法制部会 ………………………… 11
- ❸ 改正法の成立 ……………………………………… 12

第2章 親たるものの責務

1 子の人格の尊重等 ………………………………… 16
- ❶ 親たるものの責務 ………………………………… 17
- ❷ 養育に関する責務 ………………………………… 18
- ❸ 子の意見の尊重は？ ……………………………… 19
  - One point check 子どもの意見表明権と子どもの最善の利益の関係　23

2 子どもに対する扶養義務 ………………………… 25
- ❶ 生活保持義務としての扶養義務 ………………… 25
- ❷ いつまで負うか …………………………………… 26
  - One point check 養育費算定表　28

3 父母間の人格尊重・協力義務 …………………… 30
- ❶ 離婚後共同親権を念頭に ………………………… 31
- ❷ フレンドリーペアレント・ルールか？ ………… 33
  - One point check 子どもの視点から①　36

第3章 「親権者」に誰がなる？

1 なぜ離婚後共同親権が導入されたのか……38
- ❶ 家族法制部会の議論の様子……38
- ❷ 離婚後共同親権の選択肢を認める理由……40

2 離婚後も共同親権が可能に……42
- ❶ どのように変わったのか……43
- ❷ 協議離婚の場合……45
- ❸ なぜ協議離婚と親権者指定の同時性が緩和されたか……47
  - One point check 全体解決と切り離し解決　49
- ❹ 裁判所が親権者を決める場合……50
- ❺ 子どもの意見……52
- ❻ 裁判所はどんなケースで共同親権とするか……53

3 どんなケースが共同親権に向いている？……56
- ❶ 協議で共同親権を選択するケースのイメージ……57
- ❷ 別居後に関係性の変化が生じるケースも……59
  - One point check 子どもの視点から②　61

4 認知の場合……62

5 新しい親権者変更制度……63
- ❶ 協議の経過が考慮される……64
- ❷ 子どもに申立権が認められた……65
  - One point check 子どもの視点から③　66
- ❸ 改正前に離婚した父母も申立てができる……67
  - One point check 増える申立て!?　69

6 スクリーニングのための諸制度……70

第4章 共同親権になったらどうなる？

1 親権行使の方法……76
- ❶ 親権行使の方法は婚姻中と同じ……77
- ❷ 共同行使と単独行使……78
- ❸ 共同行使とは……79
- ❹ 合意できないときは裁判所が決めてくれる……80

- ❺ 子どもの意思……………………………………………81
- ❻ 子の利益のため急迫の事情があるとき……………82
- ❼ 子連れ別居について…………………………………83
  - One point check 子連れ別居への助言　86
- ❽ 監護・教育に関する日常の行為……………………87
  - One point check 子どもの視点から④　89

② 関係機関はどう対処するか……………………………90
- ❶ 関係機関の不安………………………………………91
- ❷ 医療機関での緊急手術………………………………91
- ❸ 大津地裁の事案………………………………………93
- ❹ 修学旅行の同意………………………………………95
- ❺ 海外への修学旅行……………………………………97
- ❻ 退学の手続……………………………………………97
- ❼ 離婚後共同親権を恐れる必要はない………………98
  - One point check 離婚後共同親権導入後の実務　99

③ 養子縁組の代諾
- ❶ 代諾縁組とは………………………………………101
- ❷ 共同親権の場合の代諾の仕方……………………102
- ❸ 監護者や親権停止中の親の同意に代わる許可……103

④ 監護に関する事項の定め……………………………106
- ❶ 監護者とは何か……………………………………107
  - One point check 監護者指定の基準　108
- ❷ 離婚後共同親権のもとでの監護者指定……………109
- ❸ 監護者の権利義務を明確に………………………110
- ❹ 監護の分掌とは何か………………………………113
- ❺ 監護者指定、親権行使者指定、監護の分掌の使い分け…114
- ❻ 第三者の監護者指定は見送り………………………115

第5章 「養育費」の履行確保

① 改正の背景……………………………………………120
- ❶ ひとり親世帯の貧困率………………………………121
- ❷ 取決め率、受給率の低さ……………………………121
- ❸ 政府における対策の検討…………………………124

- ❹ 自治体による取組み……………………………125
- ❺ ADR法の改正……………………………………125

② **養育費等請求権への一般先取特権付与**……128
- ❶ 一般先取特権の付与……………………………129
- ❷ 先取特権とは何か………………………………130
- ❸ 他の債権者との公平……………………………132
- ❹ まとめ……………………………………………132

🔑 One point check 養育費等請求権の先取特権の付与をめぐる運用　134

③ **法定養育費制度**……………………………………135
- ❶ 法定養育費の性質………………………………136
- ❷ 法定養育費制度の内容…………………………136
- ❸ 終期について……………………………………137
- ❹ 金額について……………………………………138
- ❺ 支払拒否…………………………………………138
- ❻ 支払免除・猶予…………………………………139

🔑 One point check 養育費に関する実務　140

④ **養育費執行手続のワンストップ化**……………141
- ❶ ワンストップ化…………………………………142
- ❷ 改正のポイント…………………………………144
- ❸ 流れがストップする場合………………………144

🔑 One point check 結局、当事者任せ？　146

⑤ **収入・資産の情報開示命令**……………………147
- ❶ どのような制度か………………………………147
- ❷ 家族法制部会での議論…………………………147

🔑 One point check 情報開示命令制度による効果　149
🔑 One point check 子どもの視点から⑤　149

第6章 「親子交流」で何か変わるか？

① **改正の背景**…………………………………………152
- ❶ 子どもにとっての親子交流……………………153
- ❷ 法律上の位置付け………………………………153
- ❸ 親子交流の現状…………………………………155

- ② 「面会交流」から「親子交流」へ……………………156
- ③ 子との交流の試行的実施……………………158
  - ❶ 親子交流の試行的実施とは……………………159
  - ❷ 対象となる事件類型……………………160
  - ❸ 要　件……………………160
  - ❹ 家庭裁判所による条件付け……………………162
  - ❺ 結果の報告……………………162
    - One point check　子どもの視点から⑥　163
- ④ 父母以外の親族と子どもとの交流……………………164
  - ❶ 議論の経過……………………165
  - ❷ 父母以外の親族との交流……………………166
  - ❸ 子の利益のための特別の必要性……………………167
  - ❹ 申立権者の範囲……………………167
    - One point check　子どもの視点から⑦　169
- ⑤ 別居中の交流……………………170
- ⑥ 直接強制の仕組みは見送られた……………………171
  - ❶ 直接強制についての議論……………………171
  - ❷ 親子交流支援団体の認証制度の議論……………………172

第7章　未成年養子、財産分与等の改正

- ① 未成年養子縁組についての改正……………………174
  - ❶ 養子縁組がなされた場合の親権者の明確化……………………174
  - ❷ 代諾縁組及び離縁に関する改正……………………175
  - ❸ 離縁は誰がするか……………………176
- ② 財産分与についての改正……………………178
  - ❶ 原則2分の1ルール……………………179
  - ❷ 考慮要素……………………179
  - ❸ 期間制限を5年に伸長……………………181
  - ❹ 情報開示命令の制度……………………181
- ③ その他の改正……………………184
  - ❶ 夫婦間の契約の取消権の規定削除……………………184
  - ❷ 強度の精神病に関する離婚原因の削除……………………184

第8章 子どものための支援
～子どもの手続代理人制度を中心に～

1. 各種支援の充実 ……………………………………… 188
2. 子どもへの支援 ……………………………………… 190
3. 子どもの手続代理人制度 …………………………… 192
   ❶ 子どもの手続代理人 ………………………………… 193
   ❷ 事　例 ………………………………………………… 193
   ❸ どのような仕組みで選任されるのか ……………… 195
   ❹ どのような事案に活用されるのか ………………… 196
   ❺ 報酬の問題 …………………………………………… 197
   ❻ 改正法での積極的活用 ……………………………… 198
   ❼ 今後の可能性 ………………………………………… 198
   ❽ まとめ ………………………………………………… 199
   　One point check　子どもの視点から⑧　200

あとがき

COLUMN

離婚後共同親権を求める声 ……………………………… 9
親権とは何か ……………………………………………… 43
私の意見 …………………………………………………… 71
「監護者」と「同居親」「監護親」って違うの？ …… 110
監護者指定のある離婚後共同親権のイメージ ……… 111
監護の分掌をしたときのイメージ …………………… 113
「しろばんば」 …………………………………………… 117
改正されなかったこと ………………………………… 177
法務省の執念？ ………………………………………… 183
子どもの手続代理人を利用したいときには…………… 201

凡　例

1　法令名略記

家事法	家事事件手続法
児童虐待防止法	児童虐待の防止等に関する法律
人訴法	人事訴訟法
民執法	民事執行法
民訴法	民事訴訟法

2　裁判例

　裁判例を示す場合、「判決」⇒「判」、「決定」⇒「決」と略しました。また、裁判所の表示及び裁判例の出典については、次に掲げる略語を用いました。

（1）　裁判所

　最　　　　　最高裁判所

（2）　判例集等

　民集　　　　最高裁判所民事判例集

　集民　　　　最高裁判所裁判集民事

3　資料等略記

解説（1）	北村治樹＝松波卓也「父母の離婚後の子の養育に関する『民法等の一部を改正する法律』の解説（1）」家庭の法と裁判52号108頁
解説（2）	北村治樹＝松波卓也「父母の離婚後の子の養育に関する『民法等の一部を改正する法律』の解説（2・完）」家庭の法と裁判53号109頁
中間試案	法制審議会家族法制部会「家族法制の見直しに関する中間試案」（令和4年11月15日）
中間試案の補足説明	法務省民事局参事官室「家族法制の見直しに関する中間試案の補足説明」（令和4年12月）
部会資料	法制審議会家族法制部会（第1回～第37回）部会資料

第1章

家族法の大改正

第1章　家族法の大改正

1　家族法改正の背景

とある法律事務所にて

相談者（夫）　家族法が改正されて離婚後も共同親権になるって聞きましたが、私のケースにも適用されますか？

弁　護　士　改正法の施行はまだなので、今のところ適用はされないですね。

相談者（夫）　いつ施行されるのですか？

弁　護　士　2026年かと思います。

相談者（夫）　では、それまで離婚せずにいれば、共同親権の可能性があるということですね。

弁　護　士　そのとおりです。

相談者（夫）　では今回の妻からの離婚調停には応じないこととします。

弁　護　士　なるほど、それも一案です。ただ、共同親権の可能性の1点だけに望みをかけて結論を出してしまうのも躊躇がありますね。

相談者（夫）　何か問題でもありますか？

弁　護　士　共同親権を選択したいというお考えは、どのようなお気持ちから来ているかを十分に考える必要があるように思います。

相談者（夫）　どういうことでしょうか？

弁　護　士　離婚後もお子さんの養育を父母で協働するという実質を重視されるなら、枠組みにこだわらずに、いち早く

	協働体制を築く方向に舵を切るという方法もありますね。紛争状態が続くことによるお子さんの心理的負担にも配慮が必要ですね。
相談者（夫）	共同親権なんて枠組みにすぎないからどうだっていい、ということですか？
弁 護 士	いえいえ、枠組みも大切です。そのための法改正ですから。ただ、何に重きを置いてお考えになるかですね。
相談者（夫）	うーむ。
弁 護 士	今すぐ決める必要はないので、ひとまず調停で先方のお話を聞いて、お子さんの状況も確認しながら、一緒に考えていきましょうか。

❶ 子どもの利益を最も優先して考慮する

　子ども[1]がいる父母が離婚するときには、その親権者を定めなければならない（民法819条1項・2項）。

　そのほかに、監護者、親子交流、養育費など、子どもの監護について必要な事項を取り決めることができる。そのときに父母は**「子の利益を最も優先して考慮しなければならない」**とされている。民法766条1項という条文である。民法766条自体は昔からあったが、「子の利益」に関するこの一文が追加されたのは2011年の民法改正のときだ。

　親権者を定めるときの民法819条にはその一文はないが、従来からそのように考えられてきたし、民法766条の改正によりその考えは一層強まったといえる。

　離婚という出来事は、父母にとっても人生の数少ないライフイベントである。どのように離婚するか、離婚後の生活をどのように組

1　本書では、未成年の子又は文脈によっては未成年者全般を指す。

み立てるのか、子どもの養育をどのように担っていくのか、父母自身の思いや願いも十分に大切にされなければならない。しかしそれでもやはり子どもの利益が最優先だということが、民法766条の改正を通じて広く認識されるようになったのである。

　私たち弁護士も依頼者である父母の主張を代弁だけしていればよいのではなく、それがどのように子どもの利益につながるのかを一緒に考えるようになった。従前からそのような実践をしていた弁護士も数多くいたと思われるが、一層その機運が高まったように思う。

　では、父母が離婚したり別居したりするときの子どもの利益とはいったいどのようなものだろうか。法律実務の経験を通して私が考えてきたものは、以下のようなものである。

① 養育能力があり、愛情深い親に養育されること
② それまでの生活環境ができるだけ維持され、かつ、安全で安心した日常生活が守られること
③ 別居親から養育費の支払いを受け、生活水準ができるだけ維持されること
④ それが可能な事案では、親子交流を通じて別居親との有意義な関係が維持されること
⑤ 父母から、遅すぎることのない適切な時期に、離婚の意味、離婚後の親子関係などについて、年齢に応じた言葉で説明を受けること
⑥ 適切な時期に、適切な援助と配慮を受けつつ、子どもが意見や気持ちを聞かれる機会を保障され、表明された意見や気持ちが真摯に考慮されること
⑦ 父母間の離婚及び別居をめぐる紛争は、合意による速やかな解決が目指されるべきこと

たとえば、親として、子どもに対して誰よりも深い愛情を持っているが、子どもへの関わり方があまりにも不適切であれば考えものだ。その逆も同じである（①）。また、親が離婚・別居しても、それまで主としてお世話をしてきた親によるお世話が継続するほうがよいし、学校は転校しないで済むようにできるならベターだ。とはいえ、虐待などをする親からは一定の距離を取るほうがよいだろう（②）。子どもの生活レベルが低下することがないように、経済面での支えとして別居親の養育費の支払いは不可欠だ（③）。また、一般論として、子どもは別居している親とも交流を継続することで、両方の親から愛されていると感じることができ、またアイデンティティの確立にも有益だと言われており、それが可能な事案では交流が保障されるべきである（④）。父母の離婚・別居は子どもにとっても人生に関わる一大事である。それゆえ、そのことにいろいろな思いや願いがある。それを父母に知ってもらい、その後のいろいろな決定において考慮してほしい。そのために子どもの意見表明の機会が確保されなければならない（⑥）。その前提として、父母間で何が問題となり、何が話し合われているかの情報が、子どもに分かりやすい言葉で適切に説明されなければならない（⑤）。子どもにとっては、父母が喧嘩をしているところを見ることはとても辛いことだ。父母の離婚・別居そのものよりも、それに至る父母のいさかいこそが子どもに大きな負担をかけているとも言われる。そのため、父母はできるだけ合意により、速やかに離婚・別居をめぐる紛争を解決するよう努力しなければならない（⑦）。

2 個々の努力と制度の改正

こうした子どもの利益（必ずしも上記に限られるものではない）は、民法766条が規定するように、個々のケースにおいて父母がそ

れを最も優先して考慮することで一定程度は実現される。しかし、それを実現するための制度自体が不十分なために、個々の父母の努力だけでは如何ともしがたいという側面もある。

たとえば、③の利益に関しては、養育費の履行確保のための諸制度が不十分で、子どもの貧困の一つの要因になっていること、④の利益に関しては、親子交流の取決め促進のための制度が不十分で、子どもと別居親の有意義な関係の維持が困難となっていることなど、制度の問題が指摘されてきた。さらに、今回の最重要項目である離婚後共同親権を可能とする制度を位置付けてみると、父母ともに養育能力があり、愛情深い親であって、かつ、同居中からともに子どもの養育に責任を担ってきたという場合でも、離婚後は必ず一方だけを親権者としなければならない現行法制は、①や②の子どもの利益に十分に配慮したものではなかったかもしれない。

そこで、これらに関連する法律を改正して制度自体をよりよくしていこうとする動きが生まれることとなる。

❸ 世界の中の日本

離婚後の親権行使のあり方についての諸外国の法制［図表１］を見ると、たとえば、イギリスやオーストラリアでは離婚後も父母それぞれが「親責任」を独立行使できるとされている。また、フランスでは離婚後も親権は共同行使が原則とされ、ドイツでは重要事項は「親配慮」を共同行使、日常行為は同居親の単独行使とされている。アメリカではほとんどの州で離婚後も「監護権」は共同行使が原則とされている。韓国でも父母の合意により、共同又は単独で「親権」を行使できるとされている[2]。このように、離婚後は父母のいずれか一方のみが親権を行使できるという日本の法制は希少とも

2　部会参考資料５－１などを参照。

[図表1] 父母の離婚後の子の養育に関する外国法制等の概要（抜粋）

	裁判所が関与しない離婚制度の有無	離婚時の養育費・面会交流の取決め		離婚後の親権行使※3
日本	認められている（協議離婚制度）	取り決めなくとも離婚可	取決めが法的義務とされていない場合でも、当然に取決めを経るべきものとの前提に立っていたり、離婚のために裁判手続を経る過程で、取決めがされていたりする例がある。	父母のどちらか一方が親権を行使
米国※1	認められていない（ただし、争いのない離婚の場合、裁判所が書類確認のみで離婚を認める実務がとられている）	取り決めなくとも離婚可		父母が原則として共同で「監護権」（※4）を行使
英国※2	認められていない（ただし、争いのない離婚の場合、裁判所が書類確認のみで離婚を認める実務がとられている）	取り決めなくとも離婚可		父母それぞれが、原則として単独で「親責任」を行使可
ドイツ	認められていない	取り決めなくとも離婚可		重要事項に限って、父母が原則として共同で「親の配慮」を行使（日常生活事項は単独で行使）
フランス	子が聴聞を求めた場合を除き、認められる（弁護士・公証人の関与が必要）	取り決めなくとも離婚可		父母が原則として共同で「親権」を行使。子の利益に必要な場合、一方の親が行使
オーストラリア	認められていない（ただし、争いのない離婚の場合、裁判所の書類確認のみで離婚可能）	原則として取り決めなければ離婚できない		父母それぞれが、原則として単独で「親責任」を行使可
韓国	認められていない（韓国にも協議離婚制度はあるが、裁判所による離婚意思等の確認が必要）	取り決めなければ離婚できない（例えば、協議離婚の際に裁判所により養育費負担調書を作成する制度あり）		父母の合意により、共同又は単独で「親権」を行使
タイ	認められている	養育費については取り決めなければ離婚できない。面会交流については取り決めなくとも離婚可。		父母が共同又は単独で「親権」を行使

〔暫定版〕いわゆる7か国調査報告書や他の公表資料等を参考に作成

※1 ニューヨーク州　※2 イングランド及びウェールズ
※3 離婚後も父母双方が「親権」を行使することが認められている国でも、DV等を理由に父母の一方しか行使が認められない場合もある。
※4 米国の「監護権」は、我が国の監護権とは異なり、我が国の親権に対応する概念（custody）である。

出典：部会参考資料5-1

いえる状況にある。

　また、子どもの権利条約18条１項で「締約国は、児童の養育及び発達について父母が共同の責任を有するという原則についての認識を確保するために最善の努力を払う」とされている。この規定などとの関係で、国連子どもの権利委員会は、2019年３月、「日本の第４回・第５回政府報告に関する総括所見」において、次のように述べた。

> 27.　家庭環境
> (a)　略
> (b)　児童の最善の利益である場合に、外国籍の親も含めて児童の共同養育を認めるため、離婚後の親子関係について定めた法令を改正し、また、非同居親との人的な関係及び直接の接触を維持するための児童の権利が定期的に行使できることを確保すること。

　こうした世界の状況も今回の法改正の背景として挙げられるであろう。

COLUMN
離婚後共同親権を求める声

　離婚後単独親権制の下では、親権者とならなかった親は子どもと交流ができなくなってしまうことが多いので、共同親権を導入すべきだ、という声を聞くことがあります。

　たしかに、離婚後共同親権が可能となれば、離婚後も父母双方が養育の責務を担っていくべきだという理念が社会で共有され、ひいては同居親が子どもと別居親の関係を大切に思うようになり、今よりも別居親と子どもとの交流を認めるようになるという傾向は出てくるかもしれません。

　しかし、親子交流というのは、別居親が「子どもと離れて暮らしている」という事実自体に基づいて、子どもと交流することを意味するものです。別居親が親権者であるかどうかは関係がありません。そのため、離婚後共同親権が可能となったとしても、親子交流が充実するという直接的関連性はありません。あくまで、親子交流が充実したものとなるかどうかは、それが子どもにとって利益になるかどうかにかかっています。つまり別居親が子どもとよい関係性を築き、それを同居親が支えるという実質的な関係性こそが重要なのです。

　離婚後共同親権を可能とする法改正がなされた今こそ、そのことを強調しておきたいと思います。

第1章 家族法の大改正

2 改正に至る経緯

とある法律事務所にて

相談者（妻） 共同親権が導入されるって聞きました。こんなに苦労してようやく離婚にたどり着こうとしているのに、また夫のもとに引き戻される感じがして怖いです。

弁護士 そのように感じる人は多いかもしれませんね。

相談者（妻） なのにどうして改正されちゃったのですか？　法制審議会では反対する人はいなかったのですか？

弁護士 反対意見はありましたよ。離婚後共同親権を手段として、DVや虐待による家族の支配が継続されるおそれがあるというのが大きな理由でした。

相談者（妻） でも少数だったということですか。

弁護士 数では少数だったと思いますが、激論が行われたと思います。

相談者（妻） でも、最終的には負けちゃったんですね。

弁護士 共同親権という選択肢を導入しながらも、反対意見が懸念したリスクに対する手当てが可能な限り取り入れられたと思っていますので、負けということでもないかなと思ってますよ。

相談者（妻） 報道では問題点が多く指摘されていますが。

弁護士 たしかに万全ではないかもしれません。その制度のもとでも、お子さんにとって一番いい結論が得られるようにしていきたいですね。

1 国内の議論

2011年民法改正の国会審議において、衆議院法務委員会が附帯決議の一項目として「親権制度については、今日の家族を取り巻く状況、本法施行後の状況を踏まえ、協議離婚制度の在り方、親権の一部制限制度の創設や懲戒権の在り方、離婚後の共同親権・共同監護の可能性を含め、その在り方全般について検討すること」と決議し（参議院法務委員会でも同様）、検討が促された。

また、学説においても離婚後の共同親権を原則とする改正案が示されるなど[3]、議論が活発化するようになった。

2 法制審議会家族法制部会

2019年11月から公益社団法人商事法務研究会主催の「家族法研究会」での議論が始まり、2021年2月、父母の離婚後の子の養育の在り方を中心とする諸課題を広く取り上げる報告書が取りまとめられた。

そして同月、法務大臣から法制審議会に対し、「父母の離婚に伴う子の養育への深刻な影響や子の養育の在り方の多様化等の社会情勢に鑑み、子の利益の確保等の観点から、離婚及びこれに関連する制度に関する規定等を見直す必要があると思われるので、その要綱を示されたい。」との諮問（諮問第113号）がなされた。これを受け、同年3月に法制審議会に家族法制部会（以下「家族法制部会」という）が設置され、法改正に向けた議論が始まった。

家族法制部会は、法律の専門家だけでなく、当事者団体、家族社

---

[3] 水野紀子「親権法」（家族法改正―婚姻・親子法を中心に）ジュリスト1384号（2009年）58頁、山口亮子「親権法改正要綱案（法定代理・財産管理を除く）」家族〈社会と法〉33号（2017年）57頁など。

会学者、経済学者、発達心理学者など幅広い分野の専門家によって構成され、多様な視点から議論がなされた。また、元当事者の方々や支援団体からのヒアリングを実施し、離婚後の子どもの養育に関する実態把握が図られた。並行して法務省の委託調査研究として、国内の実態に関する研究調査[4]、海外法制に関する調査研究[5]が行われ、家族法制部会にも情報提供された。

2022年11月15日、「家族法制の見直しに関する中間試案」が公表され、パブリックコメントの手続に付された。パブリックコメントの結果は家族法制部会で共有され、以後の議論に活かされた。そして、2024年1月30日、3年近くにわたる議論の成果が「家族法制の見直しに関する要綱案」として取りまとめられた。併せて、この家族法制の見直しについては、当事者支援の拡充や家庭裁判所の物的人的基盤の拡充などの幅広い施策とともに行われる必要があるとする附帯決議がなされた。

同要綱案及び附帯決議は、同年2月の法制審議会総会で採択され、法務大臣に答申された。

3 改正法の成立

2024年3月、上記要綱案を基にした法案が国会に提出され、同法案は同年4月16日に衆議院で可決、同月17日に参議院で可決され、

---

[4] 法務省の委託調査研究として、日本加除出版株式会社「協議離婚制度に関する調査研究業務」報告書（令和3年3月）、公益社団法人商事法務研究会「未成年期に父母の離婚を経験した子の養育に関する実態についての調査・分析業務報告書」（令和3年1月）などがある。

[5] 公益社団法人商事法務研究会「父母の離婚に伴う子の養育・公的機関による犯罪被害者の損害賠償請求権の履行確保に係る各国の民事法制等に関する調査研究業務報告書」（令和2年10月）。アメリカ（カリフォルニア州及びニューヨーク州）、イギリス（イングランド及びウェールズ）、ドイツ、フランス、スウェーデン、フィンランド、韓国の7か国を対象に、離婚後の親権、面会交流、養育費などの法制について報告されている。その概要が〔図表1〕（7頁）。

成立した（令和6年法律第33号）。改正法は同月24日に公布され、公布日から2年以内の政令で定める日に施行されることとなっている。

　第二次世界大戦後に採用された離婚後単独親権制が80年近くの歳月を経て改正されたこと、改正の議論にかけた時間は家族法研究会の開始から数えると4年以上にわたっていること、社会での活発な議論の状況等を考えれば、今回の改正はまさしく家族法の大改正であると評価できよう。

　それでは早速、改正の内容を見ていくこととしよう。次章は、今回の改正法を貫く理念を定めた親たるものの責務に関する新しい規定についてである。

第 2 章

親たるものの責務

第2章　親たるものの責務

1 子の人格の尊重等

とある法律事務所にて

相談者（妻）　親は子どもの人格を尊重して養育しなければならないっていうことが、法律に定められたのですか？

弁　護　士　はい。2022年の改正で、親権者の義務として「子の人格の尊重義務」が定められたのですが、今回は親権のない親にも課される責務として規定されました。

相談者（妻）　そういう道徳的なことも法律に書かれるんですね。

弁　護　士　法律の世界では、人格、尊重っていう言葉は意外とよく出てくるんです。たとえば憲法13条は「すべて国民は、個人として尊重される」と規定していますし、人格権という人権の根拠ともされています。今回の規定も道徳的な義務を含むかもしれませんが、あくまで法的な義務を定めたものです。

相談者（妻）　そうなんですね。ところで人格の尊重って、どうすればいいのか分かりにくいです。

弁　護　士　難しいですよね。私なりに思うのは、子ども自身の人生を認めるってことじゃないですかね。

相談者（妻）　人生を認める、ですか。

弁　護　士　子どもさんは、親の人生とは別の人生をすでに歩んでいますからね。

相談者（妻）　うちの下の子はまだ保育園ですが、それでも？

弁　護　士　今度お会いして聞いてみましょうか。「君は自分の人

生を歩んでいるかい？」って（笑）。

❶ 親たるものの責務

　親子関係の基本的な規律として、**親権の有無にかかわらない親の責務**に関する規定が新たに設けられた（改正後民法817条の12）。民法典で言えば、第4編の「第3章　親子」の中に新設された規定だ。まずはその規定を見てみよう。

> （親の責務等）
> 第817条の12　父母は、子の心身の健全な発達を図るため、その子の人格を尊重するとともに、その子の年齢及び発達の程度に配慮してその子を養育しなければならず、かつ、その子が自己と同程度の生活を維持することができるよう扶養しなければならない。
> 2　父母は、婚姻関係の有無にかかわらず、子に関する権利の行使又は義務の履行に関し、その子の利益のため、互いに人格を尊重し協力しなければならない。

　民法817条の12第1項はその前段で、**その子の人格を尊重するとともに、その子の年齢及び発達の程度に配慮してその子を養育しなければならない**と定め、子の人格の尊重等を親たるものの責務としている。この部分は、子どもの養育全般に及ぶ規定である。

　実はもともと、親たるものの責務を規定しようとする議論の出発点は、後段の扶養義務の点にあった。親は未成熟の子に対しては、一般の親族間の扶養義務より重い扶養義務があると考えられてきた。しかし、それを定めた明文規定がなかった。そして、扶養義務は親権のない親も負うため、親権の有無にかかわらない親たるものの責務の規定として、親の未成年の子に対する扶養義務の規定を新たに

設けようという議論になったのである。

　もっとも、親による子の養育は何も金銭面だけの話ではない。むしろ、日々の育児こそが核心とも言える。いくら経済的に不自由がなくても、子どもが親からひどい扱いを受けたり、抑圧されたりしていては子どもはその人生を豊かに送れないからだ。そこで、家族法制部会では、日々の育児を含む養育全般についての親の責務についても定めなければ落ち着きが悪いのではないかという意見もあった。こうした指摘も踏まえ、本条では、それら両面について規定するに至ったのである。

❷ 養育に関する責務

　この条文の前段部分は、2022年民法改正により設けられた民法821条を下敷きにしている。

> （子の人格の尊重等）
> 第821条　親権を行う者は、前条の規定による監護及び教育をするに当たっては、子の人格を尊重するとともに、その年齢及び発達の程度に配慮しなければならず、かつ、体罰その他の子の心身の健全な発達に有害な影響を及ぼす言動をしてはならない。

　民法821条は、その頃発生した複数の悲惨な児童虐待死事件を契機として、児童虐待防止の観点から定められたものである。東京都目黒区の事件（2018年）は、養父が当時5歳の女児に対して、年齢を無視した要求をしたり、異常な食事制限をしたり、激しい体罰を加えるなどして、低栄養状態及び免疫力低下に起因する肺炎に基づく敗血症により死亡させた事件であった。同女児が「もうおねがいゆるしてください」などとノートに書いていたことが報道され、あ

まりの痛ましさに社会的に大きな注目を集めた事件であった。

　このような事件を受けて、まず児童虐待の防止等に関する法律で、虐待につながりやすい親権者による体罰が禁止された（同法14条1項）。次いで、民法においても、虐待の温床とされてきた親権者の子に対する懲戒権の規定の見直しが議論された。その結果、懲戒権について定めた旧822条が削除されることとなった。また、新821条が設けられ、その後段で親権者による体罰が禁止された。また、親権者が子どもの独立した人格を認めず、自分の価値観を押し付けたり、子の発達段階を考えずに到底不可能な要求をしたりすることで、子どもが過酷な状況に置かれることがある。それは心理的虐待にもあたり得る行為だ。そこで、同条の前段では、親権者に対し子の人格を尊重し、子の年齢及び発達の程度に配慮するという義務を課すこととされた。

　改正後民法817条の12第1項前段は、この民法821条前段の義務と同様の義務を、親権者だけでなく親全般に課したわけである。

❸ 子の意見の尊重は？

　ところで、家族法制部会では、この規定に「子の意見の尊重義務」も定めるべきだという意見があった。この議論はとても重要なものであったので、少し詳しく見よう。

　まず、子どもの意見表明というものに関して定めた子どもの権利条約12条を見てみよう。

> 第12条
> 1．締約国は、自己の意見を形成する能力のある児童がその児童に影響を及ぼすすべての事項について**自由に自己の意見を表明する権利**を確保する。この場合において、児童の意見は、その児童の

> 年齢及び成熟度に従って**相応に考慮される**ものとする。
> 2．このため、児童は、特に、自己に影響を及ぼすあらゆる司法上及び行政上の手続において、国内法の手続規則に合致する方法により直接に又は代理人若しくは適当な団体を通じて**聴取される機会**を与えられる。

※太字は筆者による

1項は子どもの意見表明権の保障と示された意思の相応の考慮について規定し、2項はそのための聴かれる機会の保障について規定している。子どもは発達途上にあり、自分に関する事柄であっても、しかるべき大人に決めてもらわなければならないことがある。もっとも、大人は子どもの意見を聞きもせずに、子どもの最善の利益にかなう決定などできるはずがない。子どもの最善の利益は初めからあるものではなく、子どもの意見を聴くことを通してしか見出させないものだからだ。また、子どもは最終決定はできないとしても、一個の人権享有主体として、自分に関する事柄の決定に参加できなければならない。こうしたことから子どもに意見表明権が保障されている。子どもならではの権利といえる。

国内の法律においても、子どもの意見表明権を保障するものがある。たとえば、離婚調停や親子交流調停などの家事事件の進め方を定める家事事件手続法では、家庭裁判所は子どもの意思を把握するよう努め、示された意思を子の年齢及び発達の程度に応じて考慮しなければならないという義務を負うと定める（65条）。本書第8章で述べる子どもの手続代理人制度（23条）も、子どもの意見表明権の保障に資する制度である。

また、2022年改正の児童福祉法は、児童相談所長は子どもを一時保護するなど一定の処分をする際に子どもの意見を聴取しなければならないと定め（33条の3の3）、さらにその意見表明を支援する

者（一般に「子どもアドボケイト」と呼ばれる）による支援を事業化した（6条の3第17項）。

2022年に制定されたこども基本法3条3号及び4号でも、こども施策の基本理念として子どもの意見表明権の保障と示された意見が尊重され、最善の利益を優先して考慮されることがうたわれている。

こうした状況を背景として、家族法制部会の議論において、子どもの意見表明権及び意見の尊重を親との関係においても保障するべく、親たるものの責務として、子の人格の尊重義務に加えて「子の意見の尊重義務」あるいは「子の意見の考慮義務」も定めるべきだとの意見が示されたのである（ちなみに、「尊重」は十分な重みを持たせるという意味、「考慮」は考えに入れるという程度の意味と言ってよいと思われるが、子どもの権利条約12条1項の趣旨からすると本来は「尊重」がふさわしいはずだ）。たとえば、中学や高校への進学にあたり、子どもは未熟だからといって、親が独断で決めてしまうことは適切とは言えないだろう。子ども自身の希望や考えを聴き、十分な重みを持たせて判断すべきではないだろうか。そうしたことを法律に定めるとすれば、親に「子の意見の尊重義務」や「子の意思の考慮義務」を定めるということになる。

これに対しては反対意見もあった。今回の家族法制部会の議論は、離婚をめぐる法制度の改正を中心とするものだ。離婚やそれに先立つ別居の場面において、父母間ではいずれが親権者となるか、いずれが子どもと同居するかといった事項が争われる。その際に、父母が自己に都合のいいような意見を子どもに言わせようとする危険が構造的にある。子の意見の尊重義務を定めるとなおさらその危険が高まるというのだ。

たしかに、子どもの意見を聴くべしという義務を課せば、そのような危険もあるかもしれない。また、親子の間のやり取りにおいて、裁判所での手続と同じように、子どもの意見を聴くというプロセス

を義務化するのにも違和感がある。そこで、「子の意見の聴取義務」ではなく、どのような形であれ子から示された意見があれば尊重すべしという「子の意見の尊重義務」の是非について議論されていたはずだった。また、今回の改正は離婚法制の改正が眼目ではあるが、この規定は親たるものの一般的な責務を定めようとするものである。円満な家庭における親子関係にも広く適用されるものであって、離婚や別居の場面のみを対象とするものでもなかった。

　そういう意味では必ずしも噛み合った議論ではなかったように思うが、賛成論と反対論が真っ向対立する中、今後の立法課題とすべきだという慎重意見も相次ぎ、「子の意見の尊重義務」が規定されることはなかった。

　もっとも、**「子の人格の尊重」が規定され、その中には子の意見を尊重・考慮することが当然に含まれる**というのが家族法制部会での共通理解であった。子どもの意見を尊重せずにその人格を尊重することなどできないし、民法817条の12が置かれるに至った上記議論の経過も踏まえると、「子の人格の尊重」に子の意見の尊重・考慮が含まれると解釈するのももっともだと思う。

　ここでは、親の子どもの人格の尊重等の義務が新たに規定されたことについて見てきた。次は、親の未成熟の子どもに対する扶養義務について見ていくこととしよう。

One point check 子どもの意見表明権と子どもの最善の利益の関係

　子どもの意見表明権というと、子どもは未熟なのだから、子どもの意見なんて聞き入れていては、かえって本人の最善の利益に反するからよくない、と言われることがあります。このような指摘は、子どもの意見表明権と子どもの最善の利益との関係をどう考えるかを問う重要な指摘です。

　この点については、子どもの権利条約に関する国連子どもの権利委員会による一般的意見第12号パラグラフ74が参考になります。そこでは、子どもの最善の利益（同条約3条）と子どもの意見表明権（同12条）との関係について、次のように述べられています。

　「74. 第3条と第12条との間に緊張関係はなく、2つの一般原則の補完的役割が存在するのみである。一方が子どもの最善の利益を達成するという目的を定め、他方が子ども（たち）の意見を聴くという目標を達成するための方法論を用意している。実のところ、<u>第12条の要素が尊重されなければ第3条の正しい適用はありえない</u>。同様に、<u>第3条は、自分たちの生活に影響を与えるあらゆる決定における子どもたちの必要不可欠な役割を促進することにより、第12条の機能性を強化している。</u>」（下線は筆者）

　少し難しいですが、仮にある子どもにとって、これが最善の利益だと最初から分かっているのであれば、たしかに、子どもの意見がそれと対立する場合があり、両者に緊張関係が生じ得るかもしれません。しかし、実際は、最善の利益が最初から分かっていることなどありません。たとえば、子どもの進学先を決める際に、子どもの希望を聞き、また親としての意見を子どもに話し、対話を進める中でベストな選択をしていくのが通常

です。つまり、その子どもにとっての最善の利益は、その意見を聴き、その意見をしっかりと受け止めることの先にしか浮かび上がってこないといえます。また、逆に、最善の利益を追求しようとするからこそ、子どもの意見をしっかり聞こうという姿勢になるともいえます。上記パラグラフはそのことを述べているものと思います。

第 2 章　親たるものの責務

2　子どもに対する扶養義務

とある法律事務所にて

相談者（夫）　改正で、養育費の金額が高くなるって本当ですか？

弁　護　士　高くはなりませんね。養育費、婚姻費用の算定の実務は変わらないので。

相談者（夫）　子どもの扶養義務が重くなったって聞きましたが。

弁　護　士　ああ、その話ですね。義務の重さは変わりません。

相談者（夫）　親と同じ生活レベルを保障しないといけなくなったって新聞で読みました。

弁　護　士　もともとそうなんですよ。一般の親族間では、自分に余裕があるときに扶養すればいいんですが、未成熟の子どもの場合には、少し切り詰めてでも、子どもに自分と同程度の生活を保障しないといけないと考えられていました。

相談者（夫）　それが法律に書かれた、ということですか？

弁　護　士　ご明察！

1　生活保持義務としての扶養義務

　改正後民法817条の12第1項後段は、養育費の根拠となる扶養義務について定める。

　養育費とは、父母間で離婚の際に決める「子の監護に関する費用」（民法766条）のことだ。未成熟の子どもと別居している親は同居し

ている親に対して、この養育費を支払わなければならない。それは、別居している親にも子どもに対する扶養義務があるからだ（民法877条）。そして、**この未成熟の子どもに対する扶養義務は、子どもに自己と同程度の生活を保障するという重い義務**と考えられている。これを「生活保持義務」という。これに対し、一般の親族間の扶養義務は「生活扶助義務」と呼ばれ、懐に余裕があるときだけ果たせばよく、生活保持義務ほどには重くない。言葉が似ているので紛らわしいが、そうした2つの種類があると言われてきた。しかし、この区別は、そう考えられてきたというだけであって、法律に明確に書かれていたわけではない。そこで、これを機会に、親の子どもに対する扶養義務は「生活保持義務」であることを明確に定めようという議論がなされたのである。その結果規定されたのが、改正後民法817条の12第1項の「その子が自己と同程度の生活を維持することができるよう扶養しなければならない」という部分だ。

　この子どもに対する扶養義務は、親権がない親にも課せられることに注意が必要である。先に述べたとおり、扶養義務の具体化が養育費だった。そして思い出してみると、養育費は、現在の離婚後単独親権制度の下では、子どもと別居している親権者でない親が、同居親に対して支払っている。このように子どもの扶養義務は親権者であるかどうかによらず、親たるものが負う義務なのである。そこで、この規定の見出しは「親権者の責務」ではなく、「親の責務」となっている。この扶養義務の考え方からすると、親権を喪失したり、停止されている親にも課せられる。

❷ いつまで負うか

　ところで、親が子どもに対してこの重い扶養義務を負うのは、いつまでだろうか。この規定には終期が書かれていない。その代わり、

終わりの線引きとして機能するのが「子の心身の健全な発達を図るため」（改正後民法817条の12第1項）という目的の部分である。この文言は、法案を作成した法務省の大変な工夫の跡だと思われる。ややマニアックではあるが、そのことについて少し説明しよう。

　終期を定める方法としては、端的に年齢で区切る方法がある。たとえば「成年に達するまで」といった定め方だ。しかし、成年年齢が20歳から18歳に引き下げられた今、18歳で終わるというのはやはり無理がある。今でも、家庭裁判所で養育費の支払期間を決めるとき、多くは20歳まで、あるいは大学卒業年齢までとされる。改正法で「成年に達するまで」と規定してしまうと、その裁判所の実務が変わってしまわないかという心配も出てくる。では、「20歳まで」、あるいは「22歳まで」とすればよいかというと、現実にはそれでも不十分な場合もある。たとえば、障害があるなどして経済的自立が難しい場合などだ。そのような場合も広く念頭に置くと、「未成熟の間は」「経済的に自立するまでは」とすることも考えられる。しかし、立ち止まって考えれば、自立が難しい子に対する特別に重い扶養義務を、いつまでも親だけに負わせ続けるのがいいのだろうか。そうではなく、社会全体で責任を負うべきなのではないだろうか。家族法制部会でもこのような議論があり、終期をどうするかは悩ましい論点であった。

　そこで法務省は、発想を変えて**「子の心身の健全な発達を図るため」という目的を掲げることで、発達の途上にある間、という柔軟な期間設定をしたのではないか**と思われる。思わず「上手い！」と言いたくなる条文の作りであった。

　ここでは、親たるものの責務として、親は未成熟の子どもに対して、自己と同程度の生活を維持することができるよう扶養するという重い義務を負うことが明文化されたことを見た。次は、父母間の

子育てにおける人格尊重、協力義務についてである。

> **One point check** **養育費算定表**
>
> 　家庭裁判所で養育費を算定する場合、東京家庭裁判所の公式サイトに掲載されている養育費算定表を用いることが一般です。この算定表は、横軸に権利者の年収、縦軸に義務者の年収の値を取り、その交点の位置によって一般的な養育費の金額が分かるという仕組みになっています［図表2］。
>
> 　この算定表とその基となる算定方式は、2003年に裁判官の研究成果として公表され(注)、その後、2019年に、基礎となる統計資料を更新するなどして改訂されたものです。
>
> 　そこでは、算定方式の基本的枠組みが次のように述べられており、親の子どもに対する生活保持義務としての扶養義務を具体化するものであることが示されています。
>
> 　「子が義務者と同居していると仮定すれば、子のために費消されていたはずの生活費がいくらであるのかを計算し、これを義務者・権利者の収入の割合で按分し、義務者が支払うべき養育費の額を定める。ここでの大きな特徴は、実際の生活形態とは異なり、高収入の親（義務者）と子が同居している状態をいわば仮定し、この生活費を計算するという考え方を採用していることである。これは、『生活保持義務』の考え方に由来するものと思われる。」
>
> （注）　東京・大阪養育費等研究会「簡易迅速な養育費等の算定を目指して——養育費・婚姻費用の算定方式と算定表の提案」判例タイムズ1111号285頁

［図表２］養育費算定表（表１　養育費・子１人表（子０～14歳））

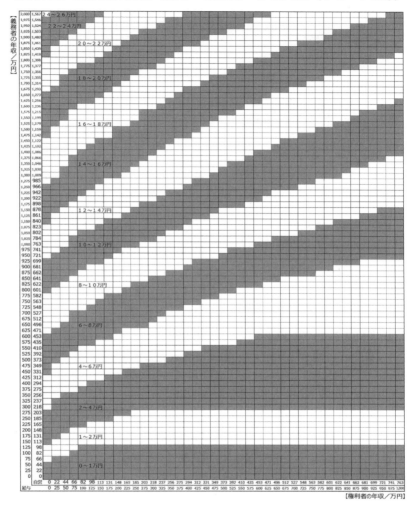

出典：裁判所HP〈https://www.courts.go.jp/toukei_siryou/siryo/H30shihou_houkoku/index.html〉

第 2 章　親たるものの責務

3　父母間の人格尊重・協力義務

とある法律事務所にて

＊＊＊相談者（夫）との打合せ＊＊＊

弁　護　士　離婚後の父母間の人格尊重・協力義務というのが改正法で新設されました。

相談者（夫）　子どもを強引に連れて行って、交流させるからと騙して親権を奪った元妻の人格なんて、尊重できるはずがありません！

弁　護　士　なるほど。そう…ですね。まだ施行されていない規定のことを言って申し訳ありません。

相談者（夫）　ただ、その規定からすると、僕と子どもを会わせない元妻は、僕との養育協力義務を果たしていないことになりませんか。

弁　護　士　合理的な理由がなければそうかもしれません。でも、いろんなご事情もあるでしょうから、話は聞いてみないと何とも言えませんが。

相談者（夫）　あんなに僕に懐いていた子どもとの関係を断絶するような元妻に、大した言い分なんてないですよ。

弁　護　士　そうかもしれませんね。でも、せっかく調停の場がありますから、お互いの考えを調停委員の先生方に聞いてもらって、調整してもらえるといいですね。

相談者（夫）　一刻も早く子どもと会えるようにしてほしいです。

＊＊＊相談者（妻）との打合せ＊＊＊

弁　護　士　離婚後の父母間の人格尊重・協力義務というのが改正法で新設されました。

相談者（妻）　えっ？？？　あの元夫とですか？　育児にちっとも関心のなかったあの人と協力なんてできませんよ！

弁　護　士　なるほど。そう…ですね。まだ施行されていない規定のことを言って申し訳ありません。

相談者（妻）　でも、その規定からすると、養育費を約束どおり支払わない元夫は私との養育協力義務を果たしていないことになりませんか。

弁　護　士　合理的な理由がなければそうかもしれません。でも、いろんなご事情もあるでしょうから、話は聞いてみないと何とも言えませんが。

相談者（妻）　自分の生活を優先して私たちを困窮させるような元夫に、大した言い分なんてないですよ。

弁　護　士　そうかもしれませんね。でも、せっかく調停の場がありますから、お互いの考えを調停委員の先生方に聞いてもらって、調整してもらえるといいですね。

相談者（妻）　一刻も早く養育費を支払ってほしいです。

❶ 離婚後共同親権を念頭に

改正後民法817条の12第2項を再度見てみよう。

> 2　父母は、婚姻関係の有無にかかわらず、子に関する権利の行使又は義務の履行に関し、その子の利益のため、互いに人格を尊重し協力しなければならない。

この規定は、離婚後共同親権を視野に入れた規定と言える。婚姻中の夫婦については、「夫婦は同居し、互いに協力し扶助しなければならない。」（民法752条）とされ、相互に協力義務を負っている。未成年の子がいる場合には、父母として協力して親権を行使するという意味合いも含まれるだろう。しかし、これはあくまで婚姻中の規定だ。離婚すれば、現行法上、そうした義務はない。これまではそれでもよかったかもしれない。離婚時には父母のいずれか一方のみが親権者となり、他方と協力しなくてもやっていけたとも言えるからだ。しかし、後で見るように、今回の民法改正により離婚後も父母双方が親権者となるという選択肢ができた。その場合、夫婦としての信頼関係を失っていたとしても、それとは区別して父母としての協力関係を築き直す必要がある。そして、翻って考えれば、このことは親権者同士に限った話ではない。**父母は、親たるものの責務を果たすにあたり協力し合うべきだ。**そこで、このような規定が置かれたのである。

　改正法の立案担当者の解説[6]では、この義務の具体的内容として以下のものが挙げられている。

- 暴行・脅迫等の相手方の心身に悪影響を及ぼす言動や誹謗中傷をしてはならないこと
- 子の監護に関する協議（新民法766条1項）をするに当たっては誠実に話し合うべきこと
- 父母が共同して親権を行うべき場面では、子の身上監護や財産管理をするに当たって子の利益のために熟慮し互いの意思を尊重し合って意思決定をすべきこと
- 子と同居する父母の一方が監護及び教育に関する日常の行為につ

---

6 解説（1）111頁。

いて単独で親権を行う場合（新民法824条の2第2項）に、他の
　　一方（子と別居する父母）がこれに不当に干渉してはならないこ
　　と
・父母の一方が親権を単独で行使できる場合であっても、その親権
　　行使によって他の父母の親子交流等を不当に妨害してはならない
　　ことなど

　そして、次のような場合には、個別具体的な事情によっては、本項違反と評価される場合があるとする。

・父母の一方が特段の理由なく他方に無断でこの居所を変更するな
　　どの行為をした場合
・家庭裁判所が親子交流の定めをしたものの、父母の一方が特段の
　　理由なくこれを履行しない場合
・父母の一方が、養育費や親子交流など、子の養育に関する事項に
　　ついての協議を特段の理由なく一方的に拒否する場合

　父母の一方が本条の義務に違反した場合には、親権者の指定・変更、親権の喪失・停止の際に考慮されることとなろう。

2 フレンドリーペアレント・ルールか？

　フレンドリーペアレント・ルールという言葉を聞いたことがあるだろうか。裁判所が親権者を決めるとき、他方の親と子との交流に寛容な親（フレンドリーペアレント）を親権者に指定するという運用のことと理解されている。
　日本の民法では、そのようなルールを定めた規定はない。もっとも、別居親と子どもとの交流は、安全・安心な形で適切に実施され

る限りにおいては、子どもがどちらの親からも愛されているという安心感が得られ、父母の不和による別居に伴う喪失感やこれによる不安定な心理状態を回復させ、自己のアイデンティティの確立を図ることができるため、基本的には子の健全な成長に有益なものと考えられている。そこで、家庭裁判所の実務では、合理的理由がないにもかかわらず他方親との交流を制限する親は、親権者指定等の裁判において一定のマイナス評価を受け得るという傾向はある。

　しかし、このルールには副作用がある。仮に、一方の親が、子どもが他方の親から虐待を受けている、あるいは自分が他方の親からDVを受けているといった主張をすると、裁判所からアンフレンドリーと評価されるかもしれない。そうすると、本当にそのような事実があっても、裁判所で主張することはやめておこうとなるかもしれない。つまり、フレンドリーペアレント・ルールには、虐待やDVについての正当な主張までもが萎縮させられるという構造上の危険があるのだ。その結果、裁判所の決定にあたって本来考慮されるべきそれらの事情が考慮されないとすれば、子どもに大きな不利益をもたらすことになる。オーストラリアでは、フレンドリーペアレント・ルールに関する条項が民法に定められていたが、かかる弊害が指摘され、後に削除された経緯がある。

　改正後民法817条の12第2項の父母の人格尊重・協力義務が、このいわくつきのフレンドリーペアレント・ルールを定めたものではないかと懸念されることがある。しかし、子どもに対して虐待をしたり、子どもに関する権利行使・義務履行において、他方親に対しDVを含む不適切な言動をする親は、親権者指定において当然にマイナス評価を受ける。改正後民法817条の12は、まさにその根拠を提供するものである。つまり、同条は他方親の虐待やDVに関する主張を促す根拠となりこそすれ、それを萎縮させるものではないというべきである。

本章で見た親たるものの責務の規定は、今回の家族法改正全般を貫く基本的な理念を定めたものといえる。では、その理念の具体的な表われがどうなっているか、個別の改正項目について、説明を進めていくこととしよう。
　その最初は、今回の家族法改正の目玉である離婚後共同親権制度の導入の点についてである。

One point check　子どもの視点から①

　親が子育てにおいて、子どもの人格を尊重する、金銭的負担をしっかりとする、父母が人格を尊重して協力しあうとすれば、子どもにとってはとても好ましい状況です。それらを親の責務と定める規定が設けられたことは歓迎すべきことでしょう。

　では、親がそうした責務を果たしてくれない場合はどうでしょうか。子どもは、親に対して、責務を果たしてくれと言えるのでしょうか。おそらく、改正後民法817条の12の規定の上に成り立っているいくつかの規定を根拠に（親権制限を定める民法834条以下、養育費について定める民法766条、親権者の指定・変更を定める民法819条など）、直接又は間接に、親に義務を果たしてもらうように求めていくことはできるでしょう。しかし、改正後民法817条の12の規定自体は、すべて親の視点で書かれていて、子どもが何ができるかを書いていません。つまり、子どもが権利の主体であることが明確ではないように思われます。

　そこで、たとえば、第1項は「子は、心身の健全な発達のために、父母から人格を尊重され、年齢及び発達の程度に配慮した養育を受け、父母と同程度の生活を維持することができるように扶養される権利がある」、第2項は「子は、父母の婚姻関係の有無にかかわらず、子に関する権利の行使又は義務の履行に関し、子の利益のために互いに人格を尊重し協力し合う父母によって養育される権利がある」などと定め、子どもの権利主体性を明確にすることもできたのではないかとも思います。

第3章

「親権者」に誰がなる？

第3章 「親権者」に誰がなる？

1 なぜ離婚後共同親権が導入されたのか

❶ 家族法制部会の議論の様子

　法律の改正が行われるとき、なるべく既存の文言に触れずに、最低限の変更に留めるのが一般的である。離婚後共同親権の導入の根拠となる民法819条1項の改正部分を見てみよう。

現　行	改正後
（離婚又は認知の場合の親権者） 第819条 1　父母が協議上の離婚をするときは、その協議で、<u>その一方</u>を親権者と定めなければならない。	（離婚又は認知の場合の親権者） 第819条 1　父母が協議上の離婚をするときは、その協議で、<u>その双方又は一方</u>を親権者と定める。

　文末の表現を除けば「その双方又は」という6文字が追加されただけである。しかし、このたった6文字を加えるのにどれだけの議論がなされたことかと思うと感慨深い。

　まずは、家族法制部会で、この改正の方向性がある意味で定まった歴史的瞬間を振り返ってみよう。当時私は、家族法制部会の会議の都度、日弁連子どもの権利委員会という委員会の同僚弁護士に、議論の経過を対話形式の文章で報告していた。以下の報告は第26回会議（2023年5月16日開催）のものである。

　（弁護士）部会長がね、いつもの通り「どなたからでも結構ですので、ご意見を」と言った途端に、バババババッっと手が上がった

の。そして、最初に指名された民法学者の委員、いつもは進行の仕方や問題点の整理の発言をされることの多い方なんだけど、今回はこの2つの論点[7]について明確な賛意を表したんだ。根拠は、家族のあり方の多様化だ。離婚後も父母が親権者として共同して子の養育に当たるという形態もあり得るところ、それが真摯な合意に基づくものであれば、それを尊重して、適切な法的規律を整備すべきだと。この機会を逃すべきでない、という民法学者の意気込みを感じたよ。

（事務局[8]）臨場感溢れますね。次なる意見は?

（弁護士）民法学者の委員の発言が相次いだ。いずれも賛意を表する意見だ。同じく相当の意気込みが伝わってきた。一人の委員からは、もともと当事者がどれだけ望もうとも、法的には一方のみに親権者としての法的地位を与え、他方には一切与えないという現行制度に疑義があるという意見もあり、興味深かった。

（事務局）その他はどうですか。

（弁護士）他の分野の委員からも賛意を表する意見があった。ちなみに、家族社会学者の委員からは、賛成すべき根拠は「家族の多様化」というより、論理の一貫性なのではないかという指摘があった。つまり、婚姻中は共同親権で両方が責任を持つというのであれば、離婚したからといってそれが片方だけになるというのは一貫しないということだ。また、単独親権制度は家制度の残滓ではないかとの指摘もあった。

　もちろん反対意見もあった。

---

[7] 離婚後に父母双方が親権者となる途を開くかどうかの論点と、協議離婚においては父母の合意で単独親権か共同親権かを選択できることとすることの是非という論点。
[8] 私の事務所の事務局のこと。

> （弁護士）ただ、消極意見もあった。シングルマザーを支援する団体、DVの研究をしている民法学者、連合、DV支援をしている弁護士などの委員からは、導入に慎重な意見が示された。弁護士委員からは、①豪州など共同養育を推進してきた国で子の安全が脅かされる事態を招き、法制度の見直しが行われている状況で、その見直しの経過を学ばないでいいのかという指摘や、②不適切な事案において離婚後の父母双方を親権者と定めてしまう場合の弊害は、離婚後も父母の関係が良好で、その双方を親権者とすることが子の利益に合致する事案において父母双方を親権者とできないことによる弊害を上回るという趣旨の指摘などがあった。いずれもなるほどと思わせる重要な指摘だったよ。ここを山場と見た堂々たる意見陳述に、後輩弁護士として学ぶところがあった。

　この日の部会では、こうした賛否両論がある中でも離婚後の共同親権制度について議論すること自体には異論がないという整理がなされた。これ以後、具体的制度設計の議論がなされ、改正法につながる取りまとめがなされていったことを考えれば、この日がターニングポイントとなったことは間違いがない。

❷ 離婚後共同親権の選択肢を認める理由

　さて、上記議論では、離婚後共同親権の選択肢を認める理由として、「家族の多様化」「論理の一貫性」といった指摘がなされた。

　このうち「論理の一貫性」というのは、簡単に言えば、婚姻中と離婚後を分けて考えるのはおかしいということだ。この指摘を少し掘り下げてみよう。

　明治民法では「子ハ其家ニ在ル父ノ親権ニ服ス」（同877条１項）とされ、父の単独親権とされていた。これが戦後になって改正され、

婚姻中は父母の共同親権、離婚後はいずれか一方の単独親権とされた。

この点まず、婚姻中は共同親権とされたのは、父の単独親権が男女平等の観点から日本国憲法に適合的でなかったからであろう。加えて、子どもの養育については、一方の親の単独の判断に委ねるよりも、父母がじっくり話し合って結論を出す方が、より子の利益にかなうという価値判断が根底にあったからとも考えられる。

それでも、離婚後は、（性別にはニュートラルなものの）単独親権とされたのは、離れて暮らす父母が共同で親権を行使することは実際上困難と考えられたからのようだ。

しかし、共同親権制の根底にある価値判断に着目すると、それは離婚の一事をもって左右されるべきものではない。なぜ父母が離婚すれば、子どもの利益によりかなうとされた共同親権の価値が放棄されなければならないのか。これが前記の「論理の一貫性」という指摘だ。

そして、離婚後は共同行使が困難というのは、往々にしてそうだというだけで、そうでない場合もあり得る。現代社会では家族のあり方は多様化しており、離婚しても子どもの養育に協力しようという父母も増えている。さらに、様々な理由から婚姻していなくても、同居して共同で子どもを養育している家庭も少なくない。にもかかわらず、実際上の養育の共同は現行法でもできるのだから、わざわざ双方を親権者とする必要はないというのはおかしい、それに応える法制度が必要だ。これが前記の「家族の多様化」という指摘である。

家族法制部会でのこのような議論を経て、離婚後共同親権という選択肢を認める法改正がなされた。

では、その離婚後共同親権の具体的な内容の説明に移ろう。

第3章 「親権者」に誰がなる？

2 離婚後も共同親権が可能に

とある法律事務所にて

相談者（妻）　「離婚後の共同親権導入へ」って記事を読みました。離婚後も共同親権のままになったのですか？

弁護士　離婚後も共同親権のままにできるようになったということです。選択肢が増えたんですね。

相談者（妻）　誰が決めるんですか？

弁護士　父母が協議で決めることもできますし、裁判所が決めることもあります。

相談者（妻）　裁判所が決めるときはどんな場合に共同親権になるんですか？

弁護士　父母と子どもとの関係、父母の関係その他一切事情を総合考慮して決めるとされています。

相談者（妻）　でも特別の理由があれば単独親権になると聞きましたが。

弁護士　そうですね。子どもへの虐待があったり、父母間でDVがあったりして、共同親権とすることでかえって子どもの利益を害する場合には、必ず単独親権となります。

相談者（妻）　そういうケースは単独親権、それ以外は共同親権という感じですか。

弁護士　原則共同親権というわけではないので、そういうケース以外でも、総合考慮により単独親権となることはあ

　　　　　　ります。
相談者（妻） 難しいですね。
弁　護　士 施行されると、裁判例が積み重なっていきますので、また見通しがつきやすくなると思いますよ。

❶ どのように変わったのか

　先にも見たが、離婚後共同親権が可能であることを定める規定は次の条文だ。

> （離婚又は認知の場合の親権者）
> 改正後第819条
> 1　父母が協議上の離婚をするときは、その協議で、**その双方又は一方を親権者と定める**。
> 2　裁判上の離婚の場合には、裁判所は、**父母の双方又は一方を親権者と定める**。
>
> ※太字は筆者による

　離婚の際は、単独親権一択だったのが、共同親権という選択肢が追加されたのである。では、選択肢が増えた中、単独親権か共同親権かはどのように決まっていくのだろうか。

COLUMN
親権とは何か

　そもそも親権とはどのようなものでしょうか。共同親権の中身について話を進める前に、ここで確認しておきましょう。
　親権の定義として、家族法の戦後改正にも関与された民法学の我妻栄先生の本（『親族法』（有斐閣、1961年）316頁）には「親

が子を哺育・監護・教育する職分」と書かれています。これを分かりやすく言い換えると、「はじめに」で紹介したように、「子どもを育てなきゃいけないこと」です。

そして、子どもを育てる上では、一緒に暮らして、食事をさせたり、身ぎれいにさせたりといったお世話をし、子どもがより良く育つように、何かを教えたり、学校に行かせたり、悪いことをしたら叱って導くことなども必要です。民法では、これらをまとめて「監護及び教育」と呼んでいます（民法820条）。

また、親権者には、監護・教育をするために子どもの住む場所を決めることも必要です（居所指定。民法822条）。

それから、親権者は、子どもがアルバイトなどの仕事をしようとするとき、それが子どもにとって良いことかを考えて、許可するかどうかを判断する必要もあります（職業許可。民法823条）。

以上の監護及び教育、居所指定、職業許可をひとくくりにして「身上監護権」と呼ぶことがありますが、それが親権の中の一つの柱となります。

なお、親権者は家族法に個別に定められた行為の代理もできます。たとえば、15歳未満の子どもの氏の変更（民法791条3項）、15歳未満の子どもの養子縁組の代諾（民法797条1項）などです。これは身分行為の代理と呼ばれ、身上監護権に含まれると考えられます。

他方、親権者は子どものお金の管理をします。また、子どもを代理して契約などの法律行為をしたりもします（民法824条）。たとえば、携帯電話の利用契約や学校の入学契約などをしますね。また、意思能力のある子どもに同意を与えて、契約などの法律行為をさせることもできます（民法5条）。こうしたことができる権限をまとめて「財産管理権」と呼んでいます。親権のもう一つの柱だと考えられています。

このように、「親権」は、身上監護権と財産管理権から成り立っているということになります（［図表3］参照）。

[図表３]

```
┌─────────────────────────────────┐
│          親　　権               │
└─────────────────────────────────┘
    ┌──────────┐      ┌──────────┐
    │ 身上監護 │      │ 財産管理 │
    └──────────┘      └──────────┘
```

- ● 監護・教育（民法820条）
- ● 居所指定（民法822条）
- ● 職業許可（民法823条）
- ● 身分行為の代理

- ● 財産の管理・法定代理（民法824条）
- ● 法律行為の同意（民法5条）

2　協議離婚の場合

　離婚の際に親権者がどうやって決まっていくか。まず、協議離婚の場合から見ていこう。

　協議離婚の場合、原則として、父母が協議により、共同親権なのか、単独親権なのか、単独親権の場合は父母のいずれとするかを、子の利益に最もかなうように決めることとなる。

　もし協議で決められない場合には、家庭裁判所が審判で決める（民法819条５項）。しかし、これまで離婚実務に携わってきた読者ならこう思うだろう。協議で親権者が決められなければ、協議離婚自体ができないので、離婚調停、離婚訴訟に発展することになるのではないかと。現行法ではそのとおりだ。民法765条１項で、父母いずれかが親権者に決められていなければ、協議離婚の届出が受理されないこととされており、離婚と親権者指定の同時性が求められているからだ。あまり注目されていないが、実は今回、このルールも改正されている。改正後の民法765条１項は次のとおりである。

（離婚届出の受理）
第765条　離婚の届出は、その離婚が前条において準用する第739

条第2項の規定その他の法令の規定に違反しないこと及び夫婦間に成年に達しない子がある場合には次の各号のいずれかに該当することを認めた後でなければ、受理することができない。
一 親権者の定めがされていること。
二 親権者の指定を求める家事審判又は家事調停の申立てがされていること。

父母の協議で親権者が定められなくても、家庭裁判所に親権者の指定を求める審判又は調停を申し立てていれば、協議離婚自体の届出は受理されることとなる。

　この仕組みの下では、父母は、離婚には合意しているが、親権者の指定に合意できていない場合、従来どおり離婚調停を申し立てて、あくまで一体解決を目指すのでもよいし、親権者指定の審判や調停を申し立てつつ、先に協議離婚はしてしまうということができる。後者の方法を選択すれば、早期に離婚が成立し、児童扶養手当の受給を早められるというメリットがある（児童扶養手当の支給と離婚を連動させていることには批判もある）。

　ところで、親権者指定の調停や審判で離婚後の親権者の指定がなされるまでは、婚姻中と同様に共同親権の状態が継続することとなる。そのため、仮に、協議離婚の届出後に同調停・審判が取り下げられてしまうと、なし崩し的な離婚後共同親権が実現してしまうこととなり妥当でない。そこで、改正法では、取下げには家庭裁判所の許可が必要とされた（改正後家事法169条の2、同273条3項）。

　また、離婚が成立していないのに離婚後の親権者を指定する必要はない。そこで、親権者指定の審判においては、家庭裁判所は、申立人に離婚を証する文書の提出を命ずることができ、申立人が提出できない場合には申立てを却下できる（改正後家事法169条の3）。調停の場合には、「なさず」で終了とするか（家事法271条）、又は

申立ての変更を促して離婚調停に切り替えていくことも考えられる[9]。

❸ なぜ協議離婚と親権者指定の同時性が緩和されたか

ではなぜ、両者のタイミングを切り離すこととしたのであろうか。

その背景の一つには、もともと、離婚を全面的に父母の協議に任せるという協議離婚制度自体への批判があったことが挙げられる。離婚という局面においては、両者の間に力関係の不均衡が生じやすい。そこで、ほとんどの国においては、裁判所が何らかの形で関与しなければ離婚が成立しないとする法制が採用されている。つまり、協議離婚制度を採用している国はほとんどないのである（[図表１] ７頁参照）。

そこで、家族法制部会の議論においても、協議離婚制度について、少なくとも何らかの法的規制をかけようとする議論があった。たとえば、未成年の子どもがいる場合には、離婚後の子の養育に関する講座の受講を義務付けること、養育費・親子交流などの離婚後の子の監護に関する必要な事項の取決めを義務付けることなどの案が示された（中間試案参照）。しかし、いずれも協議離婚のハードルを上げることとなり、夫婦の合意だけで離婚できる簡便な離婚制度としてこれを活用してきた国民の理解が得られないのではないかとして、実現には至らなかった。

もっとも、家族法制部会では、離婚後共同親権という新しい選択肢が導入されるにおいては、たとえば、虐待やDVがあるなどの事情で、共同親権の選択が本来不適切な事案であるにもかかわらず、協議離婚においては、それが父母の協議だけで選択されてしまうことの危険性が指摘された。また、共同親権を選択する場合に限らず、DV等があるなどの理由で早期に離婚をすることを父母の一方が望

---

[9] 部会資料37－２・３～４頁。

む結果として、離婚後の親権者の定めについて安易に他方からの求めに応じてしまい、適切でない親権者の定め方がされる場合があるとの懸念も指摘された。そこで、協議離婚時の親権者の指定には中立的な第三者の確認を経なければならないこととすべきだとの意見もあった。

しかし、上記の危惧や懸念に対しては、当事者の合意を第三者がチェックするという形で応えるのではなく、離婚と親権者指定を切り離すことができるようにした上で、親権者の指定のみを裁判所に決定してもらうことができることとされた。その限りにおいて、協議離婚制度の下で、適切な親権者指定がなされるよう裁判所が関与できることとなったのである。この制度の下では、たとえば、父母間に多少の力関係の不均衡がある場合でも、一方がNOを言い続けることができれば（それこそが困難であるという批判もある）、真意でない親権者の指定を回避することができるというわけである。

もっとも、国会審議でも協議離婚時の親権者指定に関する合意が真意によるものであることを確認すべき必要性が指摘され、次のような改正附則が追加修正されている[10]。

> （検討）
> 第19条　政府は、施行日までに、父母が協議上の離婚をする場合における新民法第819条第1項の規定による親権者の定めが父母の双方の真意に出たものであることを確認するための措置について検討を加え、その結果に基づいて必要な法制上の措置その他の措置を講ずるものとする。

---

[10] 提案者によれば、離婚届の書式を見直して、離婚後も共同で親権を行使することの意味を理解したかを確認する欄を追加することが想定されているという（衆議院法務委員会会議録第11号令和6年4月12日6頁）。

ここで述べた協議離婚における離婚と親権者指定の時的分離という改正は、報道ではあまり目立った取り上げ方はされていないが、実は協議離婚制度の改革の第一歩といえる大きな改正かもしれない。

> **One point check　全体解決と切り離し解決**
>
> 　協議離婚において、離婚を先行させつつ、親権者指定の調停・審判を家庭裁判所に申し立てるという方法はどのくらい活用されるでしょうか。
>
> 　現行法の実務では、離婚は合意しているが親権者が決まらないという場合には、離婚調停などに進むこととなります。
>
> 　その際、養育費、親子交流といった子の監護について必要な事項も併せて協議されることが一般的です。しかし、これらの事項は、親権者の指定と違って離婚時に必ずしも取決めがなされている必要はありません。その意味では、親権者さえ決まれば、養育費や親子交流などの事項は後回しにして、離婚を先行するということがなされてもおかしくはないはずですが、当事者は全体を一括解決したいと考えることが多いようです。
>
> 　こうした全体解決のマインドからすると、果たして、改正法で離婚と親権者指定を切り離して離婚だけを先行させるということが、実際にどれほど行われるかはよく見通せないところもあります。
>
> 　他方で、本文にも書いたように、離婚後は児童扶養手当の受給が可能となり、改正法施行後は養育費の合意がなくても法定養育費が発生するため（最低限度の金額ですが）、離婚のみを先行させる実益があります。また、何より、離婚という夫婦の問題と子どもの問題を切り離して、子どものことについては、裁判所の専門的知見を活用してベストな決定ができるという点はやはり大きな魅力かもしれません。

裁判所が親権者を決める場合

協議離婚で親権者指定の審判を申し立てた場合（調停から審判に移行する場合を含む）や、裁判離婚の場合には、家庭裁判所が子の親権者を決める。現行の単独親権制の下では、父母いずれを親権者とするかだけが争点となり得たが、改正後は、共同親権か単独親権かという点も争点となり得る。つまり家庭裁判所は、①共同親権か単独親権か、②単独親権を選択するなら父母いずれとするかを決めることになる。②の方は現行法と同様の基準で判断されることになると思われるが、新しい争点である①の方は、どのような枠組みで判断されることになるのだろうか。

これについては、家族法制部会で様々な考え方が示された。1つ目は、共同親権を原則とし、一定の要件を満たした場合のみ単独親権とするという考え方、2つ目は、その逆で、単独親権を原則とし、一定の要件を満たした場合のみ共同親権とするという考え方、3つ目は、共同か単独かについての判断基準を定めることなく、あくまで個別具体的な事案に即して定めるべきであるとする考え方である（中間試案参照）。

しかし、改正法では、このいずれの考え方も全面的に採用されることはなかった。

改正により新たに設けられた改正後民法819条7項では、その前段で、**共同親権とするか単独親権とするかを判断するにあたっては「子の利益のため、父母と子との関係、父と母との関係その他一切の事情を考慮しなければならない」**とされた。つまり、**共同親権、単独親権のいずれをも原則とされることはなく、個別の事案に応じて総合考慮により決定されることとされた**のである。

しかし、万が一にも、共同親権が選択されるべきではないケースで、それが選択されてしまい子の利益が害されることがあってはな

らない。そこで、同項の後段では、**「父母の双方を親権者と定めることにより子の利益を害すると認められるとき」には、必ず単独親権**とすることとされ、そのことが「父母の一方を親権者と定めなければならない」という強い表現で規定された。その例示として、次の2つの事由が挙げられている。

> ① 父又は母が子の心身に害悪を及ぼすおそれがあると認められるとき（同項1号）
> ② 父母の一方が他の一方から身体に対する暴力その他の心身に有害な影響を及ぼす言動を受けるおそれの有無、親権者を定める協議が調わない理由その他の事情を考慮して、父母が共同して親権を行うことが困難であると認められるとき（同項2号）

上記①の典型例は、父又は母から子に対し虐待のおそれがある場合、②の典型例は、父母間にDVのおそれがあったり、父母の一方が他の一方に対して誹謗中傷や人格を否定する言動を繰り返しているような場合などである。

なお、①②は同項後段の「父母の双方を親権者と定めることにより子の利益を害すると認められるとき」の例示であるから、これらに該当しなくても、これらに準じる程度の事情があって子の利益を害すると認められるときは、やはり必ず単独親権としなければならない。

では、同項後段の事情がなければ共同親権とされるのであろうか。もしそうだとすれば、やはり原則は共同親権ということになる。しかし、これは同項の正確な理解ではない。同項後段の事情があれば単独親権となるが、そうでなければ前段の総合考慮によることとなる。その結果、共同親権になることもあれば、単独親権になることもある。**単独親権にしなければならない事情がなければ共同親権となるという構造ではない。**図示すると、［図表4］のとおりである。

[図表４]

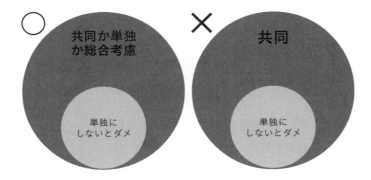

　もっとも、単独親権にしなければならない事情はそれほど狭くはない。それにもかかわらずそのような事情がないと判断されるのであれば、結果的に相当数が共同親権に流れていくという傾向も否定できない。施行後の運用を注視したい。

5　子どもの意見

　ところで、家族法制部会での議論では、子の意見・意思を親権者指定の際の考慮要素として明示するかどうかが議論された。もちろん、子どもの意見表明権（子どもの権利条約12条）を、家庭裁判所による親権者指定の場面で保障しようとする趣旨からだ。

　しかし、それを法律に明示すること自体の弊害を懸念する意見があった。一つには、裁判所が過度にそれを重視してしまうという弊害である。これまで明示されていないものが明示されることにより、必要以上に意識し、引っ張られてしまうということだ。もう一つは、裁判手続に至る前の段階を含めた父母の行動に影響を及ぼしかねないという弊害である。つまり父母が自己に都合のいいように子どもに意見を言わせるおそれがあるというリスクの指摘である。こうした弊害への懸念から、子どもの意見・意思を考慮要素として明示す

ることは見送られた。

　もっとも、考慮要素とされた「父母と子との関係」を認定する際の事情の一つとして、あるいは「一切の事情」として、子どもの意見・意思が考慮されることは間違いがない[11]。

❻ 裁判所はどんなケースで共同親権とするか

　こうした判断枠組みの下で、結局、どのようなケースで共同親権が選択されることになるのだろうか。これは施行後の裁判例の積み重ねを待つほかなく、現時点ではなかなか見通しが立ちにくい。

　その前提ではあるが、**典型例としては、離婚訴訟において、共同親権とすることには父母間で合意があるが、財産分与など他の論点で争いがありどうしても判決を得る必要がある場合**が考えられる。当たり前だと言われるかもしれないが、これを典型例と設定すると、さらにいろいろな広がりが想定できる。たとえば、父母間に一時的な感情的対立があるものの、一定の調整があれば共同親権の合意ができそうな事案では、裁判所が父母に対して働きかけを行うことで、上記典型例に持ち込まれるケースもあるだろう。裁判所が働きかけをしたものの合意ができなかったという場合でも、判決によるひと押しがあれば父母双方が受け入れるであろうと裁判所が考える場合には、共同親権の判決がなされるかもしれない。こうした意味で、父母の合意がある場合、あるいは合意の素地がある場合には、共同親権が選択される可能性が十分にあるといえるだろう。

　他方、父母間に合意やその素地がないケースでも子どもの利益のために共同親権が検討される場合も考えられる。現在の同居親がそれまで主として子どもの監護を担ってきたという事情や子どもも同居親との生活の継続を望んでおり、子どもの年齢からしてもその意

11　部会資料34−1・9〜10頁。

向を尊重すべき必要があるというような場合、現行法の実務では同居親を単独親権者とすることが多いと思われる。しかし、実は同居親の監護には不適切な面があり、心配が拭えないという事情があるというケースもないではない。他方、別居親にも親権者としての適格性が認められるというような場合には、仮に父母間で共同親権に関する合意やその素地がない場合でも、共同親権の選択肢が検討されることもあるのではないだろうか。

立案担当者の解説[12]でも、父母の合意がなくても父母双方を親権者とすることが子の利益のために望ましい例として、次のようなケースが挙げられている。

① 同居親と子との関係が必ずしも良好でないために、別居親が親権者としてその養育に関与することによって子の精神的な安定が図られるケース
② 同居親による子の養育に不安があるが、児童相談所に一時保護の対象になるとまではいえず、別居親の関与があった方が子の利益にかなうケース
③ 父母間の感情と親子関係とを切り分けることができる父母のケース
④ 支援団体等を活用して子の養育について協力することが受け入れることができるケース
⑤ 当初は高葛藤であったり、合意が調わない状態にあったりしたが、調停手続の過程で感情的な対立が解消され、親権の共同行使をすることができる関係を築くことができるようになるケース

施行後の実務の動向を注視していきたい。

ここでは、審判や判決で共同親権が命じられる典型例として、父母の合意がある場合を挙げた。ではそもそも父母は、どのような場

---

[12] 解説（1）114頁。

合に合意で共同親権を選択するのであろうか。次に、協議離婚を念頭に共同親権が選択される場合のイメージを示してみたい。

第3章 「親権者」に誰がなる？

3 どんなケースが共同親権に向いている？

とある法律事務所にて

＊＊＊改正法施行後＊＊＊

相談者（妻） 先生、離婚しても共同親権とすることができると聞きました。

弁 護 士 改正法が施行されましたので、おっしゃるとおりです。

相談者（妻） 夫とは話し合って、すでに離婚することは決めています。今は親権者をどうするかを話し合っています。共同親権にしてもいいかなと思っているのですが、私も夫もどんなケースが共同親権に向いているのかがよく分からなくて、私の方で弁護士の先生にご相談することとなりました。

弁 護 士 なるほど。

相談者（妻） 共同親権はどんなケースが向いているのですか？

弁 護 士 基本的には、おふたりが真摯に共同親権がいいと思われるケースは向いていると思います。

相談者（妻） と言いますと……。

弁 護 士 少し不親切な言い方でしたね、すみません。おふたりが共同親権に真に同意されているということは、離婚後も一緒に子どもの養育に責任を担っていこうと両方が思っているということです。

相談者（妻） はい。

弁 護 士 そこが一番大事だということです。

相談者（妻） でも、2人で決めることが多ければ不都合もあると報道されていて、心配もあります。

弁　護　士 共同親権になっても、全部2人で決める必要はありません。日常のことは同居親が1人で決めていいですし、監護についてメインとサブを決めるのなら監護者指定をしてもいいですね。また、それぞれに合ったやり方を自由に決めていいんです。

相談者（妻） 何か型にはめこむ必要はないのですね。

弁　護　士 そのとおりです。ただ、肝心なのは、双方がともに責任を負ってやっていこうという点に了解があって、協力できる関係性があることです。

相談者（妻） なんとなく分かりました。ありがとうございます。

❶ 協議で共同親権を選択するケースのイメージ

父母が協議で共同親権を選択するケースのイメージを持つため、2つの架空のケースを試みに示してみたい。

〈ケース1〉

　甲と乙は、婚姻生活10年の夫婦です。甲乙間には子A（小3）がいます。2人は共働きでしたので、家事育児も分担していました。そのため、Aは甲乙両方に懐いていました。

　この夫婦が、性格の不一致による長年にわたる生活上のいさかいの末、とうとう離婚することを決意しました。もちろん、お互い、相手に対する不信が拭いがたく、もはや顔も見たくないというのが本音です。しかし、双方にとって、仕事と育児の両立のためには相互の協力が不可欠であることから、離婚後も双方が引き続き親権者となってAの養育を担うべきだと考えました。Aは一方の親と離れ

て暮らすことになるのは寂しいけれど、一緒に過ごせる時間がちゃんとあれば我慢できるという気持ちでした。

　そこで、甲と乙は新しい養育体制として、それまでの自宅で甲とAが生活し、乙は近隣に居住して、それぞれ仕事を調整しながら、分担して養育に当たることにしました。そのことをAに話すと、Aもそれならいいということでした。そして、そのための枠組みとして、甲と乙は新しくできた離婚後共同親権を選択しました。

　紛争の激しい夫婦の離婚ばかり見ている弁護士には、こんな良好な関係にある夫婦は最初から離婚などしないのではないか、逆に言えば、離婚するほど仲の悪い元夫婦が共同で養育などできるはずがないと思う方も多いかもしれない。しかし、私自身、協議離婚の相談を受ける中で、双方が共同監護に前向きなケースも、多くはないもののたまに見るようになってきた印象がある。離婚後の共同養育を支援する団体には、どうやったら共同養育ができるかという相談が増えているのだという。家族の多様化が確かに進んでいるのだ。
　次にこんなケースも考えられる。

〈ケース２〉
　甲と乙は、婚姻生活10年の夫婦です。甲乙間には子A（小３）がいます。２人は共働きでしたが、Aのお世話はほとんど乙が担っていました。甲はAへの愛情はありましたが、乙の子育てに口出しをすることはありませんでした。Aは甲乙両方に懐いていました。
　この夫婦が、性格の不一致による長年にわたる生活上のいさかいの末、別居するに至りました。
　乙はAと生活して甲からの婚姻費用を受け取り、甲はAとの交流を継続していて、お互いに特段の不都合を感じていませんが、時間の経過とともに、そろそろ籍は抜きたいと考えるようになりました。

> Aも父母の別居時点では寂しさを感じましたが、それにも慣れてしまっていて、今の生活が続くのであれば、父母が離婚するかどうかには特に関心がありません。
>
> 　このような状況で、甲と乙は離婚をすることにしましたが、別居中の共同親権に不都合を感じたこともないので、もはや親権争いをして自分が単独親権者になる必要も感じていませんでした。そこで、甲と乙は共同親権を選択して離婚しました。

　離婚するまでの別居の間は婚姻中の共同親権が継続しているため、離婚後共同親権の状況と類似しているといえる。そこで、このケースのように別居中に子どもの養育について一定の役割分担ができていて、特段の不都合を感じないのであれば、たしかに離婚後共同親権も視野に入ってきてもおかしくはないであろう。離婚後共同親権の消極的選択である。

　これらのケースは、あくまで共同親権の「イメージ図」にすぎない。これら以外にも様々なバリエーションがあり得るはずだ。共同親権に向いているケースとして、この２つを積極的に提案する趣旨ではない。しかしながら、私がこれら２つのケースを考える際に共通の要素として書き込んだものがある。それは、**父母双方が離婚後も親権者として責任を担っていくという点で了解があり、必要な範囲で協力できる関係性にあること**である。この要素はおそらく父母が協議で共同親権を選択する場合の最低限の要素となるのではないかと思う。

❷ 別居後に関係性の変化が生じるケースも

　家庭裁判所における審理というスパンでは、父母の葛藤が極めて

高いために、親権者指定において単独親権が選択されるであろうようなケースでも、協議離婚においては、別居後の時間の経過と双方の努力による関係性の変化により、最初は葛藤が高くても、共同親権の選択が視野に入るケースもあり得る。

　たとえば、別居当初は父母間の葛藤が極めて高いが、別居親は誠実に婚姻費用を支払い、かつ同居親と子どもとの生活の安定を第一に考えつつ、助けを求められれば物心両面で適切に対応するというスタンスを守り、他方同居親も別居親と子どもとの関係維持を尊重し、交流を継続していくという中で、次第に子どもの養育に協力できる関係性が再構築されるというようなこともある。このようなケースも改正法施行後は共同親権の選択が視野に入るケースかもしれない。

　裁判所が共同親権を命ずる場合と異なり、協議離婚においては、幅広い時間軸の中で、多様な離婚後の養育のあり方を模索することができる。そして、それに応じる制度的な受け皿の一つとして、共同親権が加わった。また、後述するように、監護の分掌という選択肢も加わった。既存の制度も含め、それらをどのように組み合わせて選択していくのかは当事者の自由である。可能性は開かれている。

　この項目では、父母が協議により共同親権を選択するケースをイメージしてみた。改正法の解説を主眼とする本書の目的から少し外れた感もあるが、これから離婚しようとする父母にとって、何らかの参考になれば幸いである。

One point check　子どもの視点から②

　父母の婚姻中の共同親権の制度は、子どもにとっては、大事なことは父母にじっくり話し合ってもらって決めてもらえるという利点がある制度です。それが父母の仲が悪くなって離婚すれば、もはや父母にじっくり話し合って決めてもらえないことになるのでは、子どもにとっては悲しいことです。子どもとしては、できることなら、夫婦の事情とは切り離して、父母として協力し合ってもらいたいのではないでしょうか。だから、離婚後も共同親権が選択できるようになったことは、子どもにとってもたしかによかったと言えると思います。

　でも、もちろん、手放しで喜べる話ではありません。父母の一方が他方に暴力をしているとか、子どもに虐待をしているというような事情があれば話は別ですから。父母が離婚してくれて、一方の親の恐怖による支配から解放された上で、たとえ親権者が１人でも、じっくり考えて子育てをしてくれる方が、子どもにとってはよほどいいことでしょう。

　ただ、今述べたような事情は、大人が考える子どもの利益ともいえます。では子ども自身が考える子どもの利益はどうやって考慮してもらえるのでしょうか？　それは子どもが自分の意見を言うことを通してしかありません。今の制度でも、家庭裁判所の手続では一定程度子どもが意見を言う機会が設けられています。しかし、十分ではありません。また裁判所を利用しない協議離婚では、子どもの意見を聞くかどうかはまったく親任せとなっています。この点は、今後の課題だと思います。

第3章 「親権者」に誰がなる？

4 認知の場合

　ところで、①子どもの出生後に離婚した父母と、②一度も婚姻していない父母とは、婚姻関係がないという点で同じである。

　そこで現行法は、②の場合（この場合、父と子は、父が認知して初めて親子になる。だから、上の見出しのように「認知の場合」という言い方がされる）にも、単独親権制を採っている。もっとも、この場合は①のときと違って、「父母の一方」ではなく母が親権者となり、父母の協議で父を親権者と定めた場合に限り父が親権を行使することとなっている（現行民法819条4項）。

　なお、③子の出生前に離婚した父母についても、子の出生時点で婚姻関係がないという意味では、②の場合と同じだ。そこで、③の場合も、②と同様の取扱いとされている（現行民法819条3項）。

　以上が現行法の規定であるが、今回の法改正では、①で共同親権の選択が可能とされたことに伴い、②及び③でも共同親権の選択が可能とされた（改正後民法819条3項・4項）。

　この話はマイナーな話のようにも見えるが、実はそうでもない。たとえば、実質的に夫婦別氏を実現するためなど様々な理由で事実婚の状態にある夫婦は多数存在する。これらの夫婦が子どもをもうけた場合、実態としては共同で子どもの養育をしているにもかかわらず、これまでは単独親権しか採れなかった。それが改正後民法819条4項により、共同親権の選択も可能になるのである。その影響は必ずしも小さくない。

第3章 「親権者」に誰がなる？

5 新しい親権者変更制度

とある法律事務所にて

弁　護　士　離婚調停もそろそろ終わりですね。充実した親子交流が合意できてよかったです。

相談者（夫）　先生のおかげです。どうもありがとうございました。ところで、共同親権を認める法改正がされたとのことで、施行されれば共同親権への変更が認められるのでしょうか。

弁　護　士　共同親権への変更の申立てはできますが、それが認められるかどうかは別問題です。

相談者（夫）　いえ、親子交流がしっかりできれば、まずはいいんです。ただ、妻と引き続き子どもの養育で協力できるようなら、将来的には考えたい気持ちもあります。

弁　護　士　そうですね。真摯な合意ができれば、単独親権を維持しなければならない事情がない限り、共同親権への変更はできると思いますよ。

相談者（夫）　そのようなことをあらかじめ調停調書に書いておくことはできますか。

弁　護　士　一般的には、まだ施行されていない法律を前提にした内容は書けないでしょうね。

相談者（夫）　そうですか。分かりました。

❶ 協議の経過が考慮される

　一度親権者を決めたものの、それを変更する必要のある場合もある。現行法においても、裁判所が必要と認めるときは、一方の親から他方の親へ親権者を変更することができる（民法819条6項[13]）。

　改正後は、単独から共同へ、共同から単独へという親権者変更も認められるようになる（条文にはそう書いていないがそう解される）［図表5］。また、裁判所が、父母が協議で決めた親権者を変更することが子どもの利益のために必要であるか否かを判断するにあたっては、①当初親権者を定めた際の父母間の協議の経過、②その後の事情の変更その他の事情を考慮するものとされた（改正後民法819条8項前段）。

　従来から、②の**事後的な事情の変更は考慮されてきた。**たとえば、父を単独親権者に指定したものの、子どもが父宅を出て母宅に引き取られて暮らしているというような事情の変更などだ。

　今回の改正では、②の事情に加え、①の**当初の親権者指定のときの協議の経過も考慮されるようになる。**これは、当初の親権者指定の合意が真意によるものであったかどうかを問う趣旨である。ちなみに、裁判所が判決や決定で親権者を決めた場合には、父母の真意云々は問題とならないから、曲がりなりにも父母が合意で決めたという場面設定である。そこでは、父母の一方から他方への暴力等の有無、調停の有無又はADR利用の有無、協議の結果についての公正証書の作成の有無などの事情が勘案される（改正後民法819条8項後段）。

　たとえば、父母の一方から他方へのDVがあるなどして、両者の力関係に不均衡があり、一方の意思のみに従って親権者が指定され

---

[13] 協議離婚の際に父母が協議で親権者を決めていたとしても、変更の際は必ず家庭裁判所の手続を経なければならない。

[図表5] 親権者変更

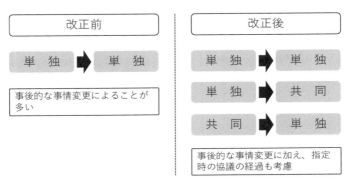

てしまったというケースでは、親権者変更の必要ありと判断されることとなるだろう。他方、仮に当初の親権者指定が調停でなされたものである場合には、裁判所が真意の確認をしているであろうから、変更が認められにくいこととなろう。

なお、変更により共同親権とするか単独親権とするかを判断する際には、親権者指定の場合と同様に、改正後民法819条7項が適用される。特に、共同親権への変更が求められている場合には、必ず単独親権にしなければならない事由がないかが検討される。

❷ 子どもに申立権が認められた

親権者変更の申立ては、改正により、子ども自身もできるようになる（改正後民法819条6項）。これまでは子の親族（当然、父母を含む）のみに申立権が認められていたのが、子どもにも拡大された。親権者変更という場面において、究極の意見表明権の行使とも言える申立権が子どもに認められたのである。本来、新たに親権者となることを望む親が申し立てることが自然ではあるが、それがなされない場合の手段として、子どもに申立権が認められたことには大き

な意義がある。

　この改正の源流は、実は2011年に親権停止などが創設され、親権制限制度が大改正された際に、子ども自身にも申立権が認められたことにある。そのときは、親に対して親権者失格を突きつける役割を子に担わせるのは酷だという強い反対意見があったが、子どもの意見表明権を保障していこうという時代の波がこれを押し切った。今回もその流れの中に位置付けられる。

One point check　子どもの視点から③

　子どもとしては、どんな場合に親権者の変更を申し立てることになるのでしょうか。

　たとえば、現在の単独親権者である同居親から虐待を受けていて一緒に暮らすのが辛いので、親権者でない別居親と一緒に暮らしたいと考えた場合などがありますね。年齢が低い場合には、別居親から申し立ててもらうことになるでしょうが、ある程度の年齢になれば（中学生以上くらいでしょうか）、自分の意思をはっきり示すために、自分で申し立てるという方法も有益です。

　また、単独親権者である同居親からの虐待はないけれど、たとえば自分は高校進学したいのに親権者が賛成してくれずに困っているが、別居親は賛成してくれていて力になりたいと言ってくれているような場合なども考えられます。一方から他方への変更だけでなく、一方から共同への変更の申立ても可能です。同居親と別居親と自分と3人で一緒に話し合って決めるための手段として親権者変更を利用するわけですね。

　その逆のパターンもあります。離婚後の共同親権者間で高校進学について意見が合わず、決められないというときはどうすればいいでしょうか。この場合、親権者の一方が後述の親権行

使者指定の審判、調停を申し立ててくれれば、裁判所が適切な判断をしてくれます。しかし、親権者がそれをしてくれない場合、子ども自身がその申立てをすることができればいいのですが、それはできないこととなっています。そのため、やや必要以上の手段となりますが、共同親権から、自分のことをよく理解してくれている親の単独親権への変更の申立てをするということが考えられます。

これらの申立てをするときは、第8章の「子どもの手続代理人」の制度を使って、お金をかけずに弁護士に依頼する方法があります。弁護士が各地で子どもの人権110番などの電話相談をしていますので、ぜひそういうところに相談してみてください。

なお、子どもとしては、上記のような場合に、必ず親権者変更の手段を採らなければならないというわけではありません。まずはしっかりと2人の親と話をする、それができなければ信頼できる大人、学校の先生などに助けを求めることをしてみてください。

❸ 改正前に離婚した父母も申立てができる

改正法が施行される前に離婚し、一方の単独親権としている父母も、施行後、共同親権への変更を求めて親権者変更の申立てをすることができる（改正法附則2条）。

その場合、家庭裁判所ではどのような判断がなされるのであろうか。

親権者変更の必要があるかどうかの考慮要素や判断の方向性は、すでに述べたところと同じである（改正後民法819条8項）。したがって、当初の親権者指定が家庭裁判所によってなされたものである場合はもちろん、調停など中立の第三者が関与する手続でなされて

いれば（協議の経過）、変更を認めない方向性になるだろう。他方、法改正を経て父母及び子が共同親権を真摯に望むようになったなどの事情があったり、今、親権者指定をするとすれば共同親権が選択されるであろうような状況への変化があったりすれば（事情の変更）、変更を認める方向性になると思われる。

　施行後の裁判例の積み重ねを待ちたい。

One point check　増える申立て!?

　改正法施行後、一時的に、共同親権への変更を求める調停、審判の申立てが増加することが予想されます。

　まず、①改正前離婚時には単独親権とするしかなかったが、現在は双方が共同親権に変更したいと考えているケースが相当数家庭裁判所に持ち込まれるでしょう。

　また、②改正前離婚時に親権争いをして残念ながら親権者となれなかった親が、やはり子どもの利益のためには共同親権が相応しいと考え、共同親権への変更を申し立てるということも考えられるでしょう。

　あるいは、あってはならないことですが、③改正前離婚で親権者とならなかった親が、親権者に対する嫌がらせのために共同親権への変更を申し立てるということもあり得ます。

　ところで、③のような申立ては、リーガルハラスメントと呼ばれており、改正後817条の12第2項の父母間の人格尊重・協力義務違反とも評価でき、権利の濫用として速やかに却下されるべきものです（調停であれば「なさず」。家事法271条）。もっとも、②と③の違いは内心の違いしかなく、外部からは分からないため、③のみを事前に制約するということは技術的に困難な面もあります。ただし、③のような嫌がらせをやりたければ、現行法でも自己を単独親権者にすべきだという親権者変更の申立てをすればよいのですが、それが増えて困っているという話は聞いたことがないように思います。とすれば、改正法施行により嫌がらせが激的に増えるということもあまり考えられないのかもしれません。

第3章 「親権者」に誰がなる？

6 スクリーニングのための諸制度

　1で見たように、家族法制部会では離婚後共同親権の導入に慎重な意見もあった。

　戦後の改正では、実際上困難とされた離婚後の共同親権であった。にもかかわらずこれを導入するとすれば、子どもに関して決めるべき事項を適時適切に決められないという実際問題が生じ得る。また、子どもへの虐待や父母間でのDVがあるような事案では、離婚後共同親権が、そうした事態を継続させる手段として用いられる危険があることなども指摘された。

　こうした指摘に応えるためには、共同親権が適さないケースをしっかりとスクリーニングすることが必要である。そのためには、誤って共同親権が選択されることを防止し、誤って選択された場合にはそれを是正する制度が必要である。

　そこで今回の法改正では、事前の防止策として、協議離婚時の離婚と親権者指定の同時性を緩和し、裁判所に親権者指定を求めることができる制度を導入した（改正後民法765条1項）。当事者の協議に丸投げせず、裁判所が介入することにより不適切な選択を未然に防止しようとしたのである。そして、この親権者指定審判、離婚訴訟における親権者指定における裁判所の判断枠組みでは、総合考慮を原則としつつも、共同親権とすることが子の利益を害する場合には必ず単独親権としなければならないという規定を設けた（改正後民法819条7項）。

　また、事後の是正の方策としては、親権者変更に関する改正がある（改正後民法819条6項、8項）。たとえば、DVなどが背景にあり、

父母間の力関係の不均衡がある状況で、一方のみの意向に従って共同親権が選択されてしまったようなケースでは、親権者変更の制度を用いて、事後的に単独親権に変更することができるようになる。

　これら個々の制度の詳細はすでに述べたとおりであるが、ここでは、それらが共同親権が適さないケースのスクリーニングのために設けられたという位置付けを確認した。

　この章では、離婚後の親権者の指定において、共同親権の選択が可能となったことなどについて詳細に説明をした。
　次章では、新たに設けられた親権行使の方法に関する規定について見ていくこととしよう。

COLUMN

私の意見

　私は家族法制部会の委員をしていましたが、離婚後共同親権について、もともと賛成か反対かという明確な結論は持ち合わせていませんでした。というのも、子どもの権利に関わる業務をしていると、どのようないい制度を作っても、必ずそこからはじき出されてしまう子どもがいます。たとえば、公教育制度をどのようにいいものにしたとしても、いじめや不登校を完全になくすことはできません。そのように制度からはじき出されてしまった子どもの権利救済を考えてきたものですから、制度がどのようであるべきかということよりも、今ある制度の中で子どもの最善の利益をどう実現するかという発想が中心でした。離婚後共同親権も同じで、それが導入されてもされなくても、個別具体的ケースにおいていかにして子どもの最善の利益を実現するかというのが関心の中心でした。

　それが図らずも、家族法制部会の委員という立場になり、制度

を作っていく議論に関与することとなったのですから、賛成も反対も当初は決めがたいというのが本音でした。そのため、自分の専門領域において、経験上困ったことや問題と感じたことを家族法制部会で述べ、それを踏まえた制度提案をさらに吟味するということを繰り返していく中で（同様のことが各委員・幹事において行われていたはずです）、最後にできあがった全体の改正要綱をどう評価するかという形で、私自身の判断が問われたのだと思います。その点について、弁護士仲間にしたレポートの一部を引用し、私の考えをご披露したいと思います。

＊　＊　＊　＊　＊

（事務局）先生は賛成でしたか？

（弁護士）賛成したよ。

（事務局）その理由は何ですか。

（弁護士）1つ目は、離婚後も共同で子育てをしたいと考える父母に、その法的根拠を提供した点は評価していいと思う。共同で子育てしたい父母には事実上やってもらえばそれでいいじゃないか、とはどうしても思えなくてね。それは通称使用ができるのだから選択的夫婦別氏制度がなくてもよいという理屈と同じような気もしてさ。

（事務局）なるほど。

（弁護士）ただ、現行の単独親権制を変えるのだから、混乱がないよう慎重に始めるという意味で、共同親権が子どもの利益に適うケースとそうでないケースをスクリーニングする仕組みがもっとあればよかったと思う。

（事務局）といいますと？

（弁護士）要綱案[注]では、協議離婚の際に、親権者の指定について父母間で協議が調えばノーチェックでその届出を認め、協議が不調のときだけ裁判所が関与するという仕組みが提案されている。しかし、協議が調ったとしても、そこでの合意が適切なものとは限らない。また、DVなどによる抑圧のもとになされ

たものかもしれない。

（事務局）はい。

（弁護士）そこで、その合意を、届出の前に第三者がチェックする仕組みも議論されたことがあったんだ。しかし、要綱案では、合意が不適切又はその形成過程に瑕疵がある場合には、事後的に親権者変更の手続で対応することとされた。つまり、合意がある場合のスクリーニングは事後的な親権者変更に限られることになった。僕としては、やはり事前のスクリーニングがあるとよかったなと思っているよ。もともと、当事者に丸投げの協議離婚制度自体、韓国なども参考にして改善していくべきだという議論もあったからね。

（事務局）それにしても、スクリーニング、スクリーニングって言われると、共同親権がよほど怖いものみたいに聞こえてきますが。

（弁護士）たしかに……。スクリーニングという発想は、高葛藤ケースばかりを扱う弁護士ならではのものかもしれないね。離婚後も共同で子育てをしていくことのいい面を述べるなら、それがスムーズにできるように支援を拡大していくという発想も大事かもしれないね。

（事務局）まとめますと、要綱案での離婚後共同親権の関連は、課題はあるけれど評価できる内容だ、ということでしょうか。

（弁護士）ありがとう。そのとおりだね。

（注）改正法の基となった家族法制部会の取りまとめのこと。

第4章

共同親権になったら どうなる？

第4章 共同親権になったらどうなる？

1 親権行使の方法

とある法律事務所にて

相談者（夫） 共同親権のときの親権の行使方法が法律に定められたって聞きましたが。

弁護士 そのとおりです。共同親権のときは原則共同行使です。親権者同士の合意で決めていくんですね。

相談者（夫） 何から何まで2人で決めなきゃいけないってことですか。

弁護士 いえいえ、そうではないです。監護・教育上の日常のことは単独で決められますし、子どもさんの利益のために急迫の事情があれば、それも単独で決められます。だから、離れて暮らしていても、それほど支障はないと思いますよ。

相談者（夫） 別居するときに勝手に子どもを連れて行っていいんですか。

弁護士 居所指定は日常のことではないので原則共同行使ですね。

相談者（夫） 実は、妻は先日、私に相談せずに勝手に子どもを連れて別居してしまいました。それ、だめですよね。

弁護士 子どもさんの利益のために急迫の事情があればOKです。

相談者（夫） あ、そうでした。急迫の事情ってなんですか？

弁護士 DVや虐待からの避難の必要がある場合が典型ですね。

相談者（夫） だとすると、妻からそういう主張が出てくるということですかね。

弁 護 士 そうかもしれませんね。お心あたりはありますか。

相談者（夫） いえ、特段ありません。

弁 護 士 監護者指定や子の引渡しの請求をすることなども考えられますが、どうでしょうか。

相談者（夫） まだショックが大きくて、決められません……。引き続きご相談できればと思います。

1 親権行使の方法は婚姻中と同じ

　離婚後共同親権を選択したら、どのように親権を行使していくことになるのだろうか。

　改正法では、婚姻中の共同親権と離婚後の共同親権は同じものとして設計された。これを表している規定が次の条文だ。今般新しく設けられた。

（親権の行使方法等）

新第824条の2

　　1　親権は、父母が共同して行う。ただし、次に掲げるときは、その一方が行う。

　　一　その一方のみが親権者であるとき。

　　二　他の一方が親権を行うことができないとき。

　　三　子の利益のため急迫の事情があるとき。

（以下略）

　これは親権の行使方法を定めた一般的規定であり、婚姻中と離婚後を区別していない。離婚後であっても、共同親権の場合は親権を

共同で行使することが規定されている。

家族法制部会の議論では、婚姻中と離婚後では父母の関係性が変わるのだから、離婚後はダウンサイズした共同性を設計するという議論もあった。たとえば、原則として一方が子どもに関することを決めるが、そのことを他方に事前又は事後に通知すればよいという案、必ず一方を監護者と定め、他方は契約行為などにしか関われないとする案などがあった。しかし、そうはならなかった。

婚姻中の共同親権という制度は、子どもの養育については、一方の親の単独の判断に委ねるよりも、父母がじっくり話し合って結論を出す方が、より子どもの利益にかなうという価値判断が根底にあると考えられる。このことはすでに述べた。そして、その理念を離婚後の親権のあり方にも及ぼそうとしたのだとすれば、離婚後の共同親権も婚姻中と同様の形とする方がたしかに論理が一貫している。かくして、**離婚後の共同親権も婚姻中と同じ、いわばフルサイズの共同親権**となったのである。

以下では、改正後民法824条の2の内容を詳しく見ていこう。

❷ 共同行使と単独行使

まず、この規定は、第1項で親権の共同行使と単独行使の場面での切り分けについて規定している。「一方のみが親権者であるとき」、つまり単独親権のときは単独行使とし（改正後民法824条の2第1項1号）、双方が親権者である場合は共同行使とする（同条1項柱書）。単独親権となるのは、他方が死亡した場合や離婚後単独親権が選択された場合などである。次に、「他の一方が親権を行うことができないとき」、たとえば一方が長期旅行中、行方不明、重病、親権の制限を受けているなどの場面でも単独行使が可能となる（同項2号）。さらに、「子の利益のため急迫の事情があるとき」も単独

行使が可能だ（同項3号）。

❸ 共同行使とは

　<u>親権を共同行使するというのは、父母の共同の意思で決定することをいう。</u>そして、共同の意思で決定するというのは、双方で協議をして、そうしましょうと明示的に合意をしている場合だけでなく、暗黙の了解でもよい。

　その上で、たとえば子どものための契約（在学契約など）を「○○（子の名前）親権者甲及び同親権者乙」と両者の名前を示して行ってもよいし（共同名義）、「○○親権者甲」と一人の名前だけ示して行ってもよい（単独名義）。

　では、甲が、乙の意思に反しているのに、乙に無断で「○○親権者甲及び同親権者乙」と共同名義で契約をしてしまった場合、その契約は有効だろうか。この問題の答えは、すでに民法825条が示している。有効である。親権者間の合意のありやなしやといった内部の事情は、相手方には通常は知り得ない。それなのに契約が無効とされたのでは相手方は安心して契約ができないからだ。ただし、相手方が乙の意思に反していることを偶々知っていた場合は、相手方の信頼を保護する必要がないので、契約は無効である（民法825条ただし書）。

　さらに話を進めよう。甲が、乙の意思に反しているので、律儀に「○○親権者甲」と単独の名義で契約をした場合はどうか。これは民法825条のカバーしていないパターンで、無効と解されている。戸籍を見れば共同親権者が他にいることが分かるから、無効としても相手方の信頼を保護する必要はない、という一応の説明はできる。しかし、不動産の売買など大金が動く契約ならまだしも、そうでない契約でそこまで調べることを相手方に求めるのは酷ではないかと

もいえそうだ。そこで、民法825条を改正して、この場合もカバーする規定にするということも考えられた。しかし、今回の改正では見送られた。

❹ 合意できないときは裁判所が決めてくれる

　たとえば、進学先の選択など子どもにとって重要な選択は、共同で行使しなければならない。しかし、父母の意見が合わず、どうしても折り合えないような場合もある。そのような場合、結局その行為はできないことになるのだろうか。それでは子どもにとって不利益になる場合があるのではないか。

　このような問題意識から、改正法では、**家庭裁判所は、子の利益のため必要があると認めるときは、父母の一方をその事項についての親権行使者と指定できる**こととした（改正後民法824条の2第3項）[14]。この裁判所の手続を**「親権行使者の指定の審判」**という（改正後家事法別表第2第8の2）。

　従来から、婚姻中の共同親権に関し、こうした仕組みがないことが批判されてきた。今回の改正では離婚後の共同親権が可能となったことにより、父母の意見対立が表面化する機会が多くなることも予想され、婚姻中・離婚後問わず利用可能な制度が新設されたのである。

　ところで、家庭裁判所が決めるのは、あくまでその事項についての親権行使者をいずれにするかということである。家庭裁判所が、たとえば、子どもがA高校に進学するのがいいのか、それともB高校に進学するのがいいのかといった進学先選びをするのは困難だからだ。おそらく裁判所としては、各親権者の当該事項に関する関与

---

[14] 家庭裁判所は、居所指定権の親権行使者指定を行う場合などに、子の引渡しを命ずることも可能とされている（改正後家事法171条）。

の経緯・程度・内容、親権者間・親子間の協議の経過、子の年齢・発達の程度・特性・意向などを総合的に考慮して、当該事項に関する親権行使者としていずれがふさわしいかを判断することになるであろう。

　もっとも、この審理にあまり時間をかけていては、適時の親権行使ができないこととなる。また、後述のとおり、手続の期限が迫ってしまうと「急迫の事情」ありとして、親権の単独行使が可能となる可能性もある。そうすると、特定事項の親権行使者指定の制度を設けた意味がなくなってしまうという問題もある。そこで、この審理はできるだけ迅速に行われる必要があり、特別の審理モデルの検討が望まれよう。

　他方、仮にＡ高校推しの親権者甲とＢ高校推しの親権者乙が対立しているとして、裁判所が親権行使者を甲と指定することは、結局、実質的には裁判所がＡ高校の進学を選択したということにもなりかねない。そうした違和感を考えると、裁判所という中立の機関に間に入ってもらって、甲と乙が協議で決める調停の手続が重視されるべきではないかとも思う。

　迅速な審理と協議の重視のバランスをいかに図っていくかが課題であろう。

5 子どもの意思

　ところで、この親権行使者の指定の審判では、15歳以上の子の陳述聴取が必須とされた（改正後家事法169条2項）。また、調停・審判ともに、子どもに意思能力があれば手続行為能力が認められるため（改正後家事法168条8号、252条1項5号）、利害関係参加（同42条、258条1項）を通じた子どもの手続代理人の選任（同23条）が可能である。このように、家事事件手続法においては、子どもの

意思が尊重される一定の仕組みが整えられている。

　これは考えてみれば当然である。先に挙げた進学の例を見ても、子どもの意思を聞くことなしに子にとって最善の選択などできないからだ。

❻ 子の利益のため急迫の事情があるとき

　次に、親権の単独行使が可能な「子の利益のため急迫の事情があるとき」について、詳しく見ていこう。

　せっかく子どもの利益のためにと離婚後も共同親権を選択したのに、父母間で連絡が取れないとか、協議する時間がないなどして、子どもに関する重要な物事が適切なタイミングで行えないとすれば、かえって子どもの利益に反してしまう。もちろん、婚姻中でも同じ問題がある。そこで、父母双方が親権者であるときの共同行使の例外として、「子の利益のため急迫の事情があるとき」には単独行使が可能とされた（改正後民法824条の2第1項3号）。

　このような趣旨から、**「急迫の事情」とは、父母の協議や家庭裁判所の手続を経ていては、適時に親権を行使することができず、その結果として、子どもの利益を害するおそれがあるような場合をいう**と考えられている。たとえば、入学試験の結果発表後の入学手続のように一定の期限までに親権を行うことが必須であるような場合、DVや虐待からの避難が必要である場合、緊急に医療行為を受けるため医療機関との間で診療契約を締結する必要がある場合などがあるとされる[15]。

　立案担当者の解説によれば、たとえば、手術までに2〜3か月程度の余裕があるケースは、協議のための時間的余裕があるとも言えるし、手術の内容の決定に先立って入院や検査等の必要があるよう

---

[15] 部会資料37・2〜3頁、解説（1）117頁。

な場合には、2〜3か月前の段階でも急迫の事情に当たり得るとされる。

また、子どもが人工妊娠中絶手術を受けることへの同意[16]については、「中絶手術が可能な期間が母体保護法によって制限されていることに加えて[17]、一般に、中絶手術の時期が後になるについて母体への負担が大きくなるなどを踏まえれば、妊娠初期であっても、『急迫の事情』に該当し得る」とされている[18]。

7 子連れ別居について

ところで、婚姻中、他方の親権者によるDVや虐待から避難するために、その同意を得ずに、子どもを連れて別居するということがある。これは一方の親権者が子どもに対する居所指定権を単独で行使していることとなる。そのため、それが許されるかどうかは、単独行使が認められる上記の場合にあたるかどうかによる。

まず、子どもの住む場所を定めること（居所指定）は、子どもの生活に重要な影響を与えるため、後でも触れるとおり、単独で行使できる日常の行為にあたらないと考えられる。そこで、他方の親権者が親権を行使できないなどの事情がなければ、「子の利益のために急迫の事情」がなければならないこととなる。そして、「DVや虐待からの避難が必要である場合」がそれにあたることは前記のとおりである。

このような考え方の筋道で、DVや虐待から避難する場合には、他方の親権者の同意がなく子どもを連れて別居しても許されるとい

---

[16] 母体保護法上は、未成年者の人工妊娠中絶手術について親権者の同意は必要とされていないが、サポートの必要性などの見地から医療機関がこれを求める場合が多い。
[17] 筆者による注：平成2年3月20日厚生省発健医第55号厚生事務次官通知により、通常妊娠満22週未満とされている。
[18] 解説（1）118頁。

1　親権行使の方法

う結論となる。

　大まかな理解としてはそれでよいが、DVや虐待からの避難といっても、「急迫の事情」と言えなければならないので、5年も10年も前にDVや虐待があったことだけをもって「急迫の事情」とは言えないであろう。では、たとえば、DVや虐待が一定程度継続しており避難を決意していたが、現時点ではDVや虐待がないというような場合も、同じく「急迫の事情」があるとは言えないことになるのだろうか。

　これについては、たとえ現時点でDVや虐待が存在しないとしても、それらの事案では加害行為が反復継続するおそれがあるなどの特性に着目すると、加害行為が現に行われていない間も「急迫の事情」が認められる状態が継続し得ると考えてよいのではないかとされている[19]。つまり、「急迫の事情」という言葉から受ける印象とは違って、着の身着のままで避難しなければならないような場合だけが「急迫の事情」ではないということである。

　さらに考えてみよう。では、一方の親権者から子どもを連れて別居すると切り出そうものなら、夫婦間で激しい喧嘩になってしまうことが予想されるため、これを避けるために他方の親権者の同意なく子連れ別居したという場合はどうだろうか。激しい夫婦喧嘩がお互いに対するDVと言える程度に立ち至っている場合には、それを子どもの面前で行うと子どもへの心理的虐待となる（児童虐待防止法2条4号）。そこで、そのような危険が予想され、それを避ける必要がある場合には「急迫の事情」があると言えそうだ。しかし、単なる口論にとどまるような夫婦喧嘩を避けるため、というだけでは「急迫の事情」とは言いにくいように思われる。父母の協議や裁判所の手続を経ていては適時に親権行使ができないから単独行使が

---

[19]　部会資料37−2・3頁、解説（1）117〜118頁。

認められたという趣旨からすると、父母間に協議の余地がある場合にはやはり協議して決めるか、それが難しければ親権行使者を裁判所で指定してもらうことが求められるのではないだろうか。

　とはいえ、これから別居に踏み切るという時点の当事者の視点に立ってみれば、「急迫の事情」に該当するかしないかの判断は難しい。そのため、実際には、子連れ別居をした後に、裁判所での監護者指定の手続や居所指定権の親権行使者指定の手続の中で、その居所指定権の単独行使の是非が問題となることが多いようにも思われる。その際には、親権共同行使の規律に違反するものであったかどうかは考慮要素の一つであることは間違いないが、それだけで結論が決まるわけではない。親側の事情や子ども側の事情を総合的に考慮して判断がなされることとなるだろう。

One point check　子連れ別居への助言

　他方の親権者の同意を得ずに子どもを連れて別居してもよいか、という相談については、弁護士はかねてより慎重な助言を行ってきました。それは仮に、DV・虐待等からの緊急避難という捉え方ができたとしても、他方親権者の監護権を侵害するものと捉えられることもあり、その境界があいまいで、解釈の基準となる規定もなかったからです。

　その点、今回の改正では、共同行使と単独行使の切り分けの明文規定が置かれ、解釈の根拠が与えられたことは積極的に評価できます。

　しかし、単独行使が可能な、子の利益のための「急迫の事情」という基準も、本文で述べたように解釈の幅があり、やはりグレーな部分が残りそうです。しかも、こうした明文規定が置かれたことで子連れ別居が注目を浴び、残された親権者によってその違法性が争われるケースも増えるかもしれません。

　したがって、弁護士としては、これまで以上に慎重な助言をしなければならないかもしれません。

　悩みが深いのは、DV被害者の支援機関です。DV被害を受けたので子連れ別居の支援をしてほしいという申し出を受けた場合、支援機関としては、慎重にならざるを得ないなどと傍観してはいられません。果断に支援を実行しなければDV被害者を救うことはできないからです。そこで、関係省庁においては、支援機関が現場で判断に困らないように、ガイドライン等で可能な限り明確な線引きをすべきでしょう。

8 監護・教育に関する日常の行為

　改正後民法824条の2第2項は、第1項によれば共同行使とされる場面であっても、**「監護及び教育に関する日常の行為」は親権の単独行使が可能**とする。実際に目の前で子どもの世話をしている親が日常的な身上監護をするにあたって困ることがないようにする趣旨である[20]。他方、日常の行為でない重要な事項は共同行使をしなければならない。対象事項による共同親権と単独親権の切り分けである。

　ここで**日常の行為とは、日々の生活の中で生ずる身上監護に関する行為で、子どもに対して重大な影響を与えないもの**をいう。たとえば、子どもの食事や服装、短期間の観光目的での海外旅行、子どもの心身に重大な影響を与えないような医療行為や日常使用する薬、通常のワクチン接種、習い事、高校生の放課後のアルバイトなどがある。

　他方で、子の転居、子の心身に重大な影響を与える医療行為（人工妊娠中絶手術を含む）、子の進路に影響するような進学先の選択・入学の手続（私立小学校・私立中学校への入学や、高校への進学、長期間の海外留学など）や、高校に進学せずに又は高校を中退して就職することについては、基本的には日常の行為に該当しないとされている[21]。

　なお、親権の単独行使の対象となる「日常の行為」は「監護及び教育に関する」ものであり、財産管理に関するものは共同行使の対象となる。たとえば、子ども名義の預貯金口座の開設、子どもに対して債務を負担させるような契約の締結、子どもの所有する財産の処分などは共同行使の対象である[22]。携帯電話の利用契約などもこ

---

[20] 解説（1）118頁。
[21] 解説（1）118頁。
[22] 解説（1）118頁。

れに当たると思われるが、同居親自身の名義で契約し、子どもに使用させることはもちろん単独でできる。

ここでは、婚姻中及び離婚後を通しての親権行使方法を定めた規定の内容を見てきた。特に、親権の単独行使が可能な場面や事項について、詳細な説明を行った。

次に、この規定のもとに、子どもと関わりにある関係機関が親権をめぐる問題にどのように対処すればよいかについて見ていくこととしよう。

[図表６] 共同親権下での親権行使方法

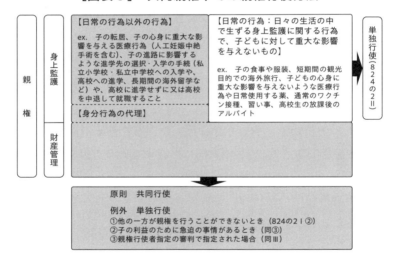

👉 One point check　子どもの視点から④

　子どもが父母に願っていること、それは子どもにとって必要なこと（ニーズ）を、適時に適切な方法で満たしてくれることでしょう。

　では、子どものニーズにはどのようなものがあるでしょうか。考えつくものを片端から挙げてみましょう。

　命を守って、虐待しないで、あらゆる暴力・搾取から守って、戸籍に載せて、名前を決めて、出自を知りたい、父/母と暮らしたい、父/母と交流したい、たっぷり食べたい、心地いい家がいい、きちんとした身なりをしたい、栄養を考えて、清潔にしたい、生活習慣を付けたい、たっぷり寝たい、病院に連れて行って、予防接種して、遊びたい、一緒に遊んでほしい、学校に行きたい、欲しい物を買いたい、おこづかいがほしい、旅行に行きたい、休みたい、そっとしておいて、秘密を守って、秘密を認めて、人生に必要なことを教えて、学校・進路を決めたい、学用品を揃えて、習い事をさせて、人とつながりたい、人とのつながり方を教えて、素敵なものに触れたい、素敵なものを作りたい、気持ちを聞いて、意見を聴いて、意見を尊重して、自分で決めたい、相談に乗って、愛して、ハグして、安心させて、相談に乗って、仕事をしたい等々。

　こうやって挙げてみると、「親権者」という地位にある者にしか満たせないニーズは必ずしも多くはないようです。むしろ、ほとんどが親権という権利義務とは関係なく満たせるニーズであるとも言えます。このように子どもの幅広いニーズに目を向けると、子どもとの日々の生活、あるいは親子交流を通じた時間の共有の大切さが浮かび上がってきますね。

第 4 章　共同親権になったらどうなる？

2　関係機関はどう対応するか

とある私立中学校にて

校長先生　先生には顧問弁護士として、いつもお世話になっております。

弁護士　こちらこそ。

校長先生　先日、ある家庭で父母が別居しました。父親が家を出て、母親が引き続き子どもと同居しています。でもまだ離婚していないので共同親権ですよね。

弁護士　はい、共同親権です。

校長先生　離婚後も、父母が選択したり、裁判所が決めたりして、共同親権となることがありますね。

弁護士　そのとおりです。

校長先生　共同親権の場合、原則共同行使、日常行為と急迫の事情のときは単独行使、でよかったでしょうか。

弁護士　よくご存知ですね！

校長先生　切実なもので、勉強しています（笑）。実は、3年生がこの秋に奈良・京都に修学旅行に行くのですが、保護者から同意書を取っています。この家庭については、やはり父母双方から同意書を取る必要がありますか。

弁護士　他の生徒も父母双方から同意書の署名をしてもらっているのですか。

校長先生　いいえ、お一人だけです。

弁護士　では、このご家庭もお一人だけでいいでしょう。

校長先生	同居親だけでいいですか？
弁護士	同居親は同意しているのですね。
校長先生	はい。
弁護士	ではそれでいいでしょう。
校長先生	別居親に知らせる必要はありませんか。
弁護士	修学旅行は日常の教育の範疇ですから、それへの同意は日常の行為として同居親の単独行使が可能と思いますよ。
校長先生	なるほど、そう考えるのですね。ありがとうございます。

❶ 関係機関の不安

　ここまで、双方が親権者である場合の共同行使と単独行使の切り分け、共同行使の場合の家庭裁判所の親権行使者指定の手続について順に述べてきた。今回の改正でこうした規定が置かれたために、親権の原則共同行使というルールがにわかに注目を浴び、関係機関においては、これまで以上に親権者間の意見対立に巻き込まれるのではないかという不安があるかもしれない。そこで、関係機関の視点から、今後起こりそうなケースをいくつか設定して、その対応を考えてみたい。

　なお、ここでの考え方は、あくまで改正法が未施行の段階における私の個人的な見解に過ぎないことを予めお断りしておきたい。

❷ 医療機関での緊急手術

　たとえば、子ども（小学1年生）が虫垂炎で緊急の手術が必要であるというケースを考えてみよう。このケースで、子どもと同居している親権者甲は同意しているが、別居している親権者乙の意向は

不明である。この場合、医療機関は甲の同意だけで手術を実施してよいだろうか。

仮に虫垂炎の手術をせずに放置すれば、子どもの状態が悪化するのは目に見えている。そのため、これに対する医療同意は、「子の利益のために急迫の事情があるとき」（改正後民法824条の2第1項3号）に当たると考えられるから、親権者甲は単独で同意することができる。したがって、医療機関としては、親権者乙の意向を確認するまでもなく、手術を実施してよいということになる。

では、少し事案を変えてみよう。親権者甲は同意しているが、親権者乙が同意していないことが分かっている場合はどうか。

この点まず、医療機関としては、緊急性が高く、かつ医療的正当性がある治療として、虫垂炎の手術をすべきだと判断している。だから、親権者に医療同意を求めているのである。分かりやすく言えば、同意か不同意かを尋ねているというより、同意をするよう求めているのである。そのため、医療機関は、甲の親権単独行使としての医療同意を上記同様に有効なものとして受け入れ、手術を実施してよいのではないだろうか。もっとも、万一のこともあるため、親権者乙がなぜ同意をしないのかの理由を聞く程度の時間があるのであれば、しっかりと聞くべきであろう。それが医学的見地から合理的と判断されれば、医療機関の判断として、手術についての同意の要請を撤回する（乙の不同意を親権行使と見るわけでない）。医学的に不合理であれば、引き続き甲の親権単独行使としての同意を受け入れて手術を実施すればよいだろう。

さらに、少し事案を変えてみよう。双方の親権者が、緊急に治療が必要なのに同意をしないという場合はどうすればよいだろうか。

これは医療ネグレクトの事案に当たる。そこで、医療機関は児童相談所に虐待通告を行い（児童虐待防止法6条）、児童虐待対応のルートに乗せることとなる。通告を受けた児童相談所は、子どもを

一時保護した上で（同医療機関に一時保護委託することになろう）、児童相談所長が緊急の措置としての医療同意をすることになろうか（児童福祉法33条の2第4項）。

　以上の考え方のポイントは、医療機関は医学的見地から一定の判断をした上で、その実施に対する同意を親権者に求めているという構造である。この構造を明確にすれば、同意をしてくれる親権者を探す（あるいは児童相談所の助けを借りる）というミッションが設定されるので、上記の考え方が理解されやすいのではないだろうか。

　なお、念のために述べておくと、この設例は「子の利益のために急迫の事情があるとき」に該当するような事案として示したものである。つまり、緊急性が高く、かつ医療的正当性も明確な事案であり、仮に親権者等の同意がなくとも医療機関の緊急事務管理（民法698条）として手術を実施することすら可能な事案であった。

　では、緊急性がそれほどには高くない事案ではどう対応すべきか。ある裁判例を通して見ることとしよう。

❸ 大津地裁の事案

　2022年11月、ある裁判の報道がなされ、共同親権制度の導入の是非に関連して話題を呼んだ。大津地裁令和4年11月16日判決（令和3年（ワ）第78号・判例集未登載）である。

　判決によれば、子どもAは3歳。ある疾病で、治療介入が必要な状態と診断されたが、時間の経過により病状は進行していた。医療機関は、ある治療を行うこととすべく、親権者甲に説明を行い、その同意を得て、Aに対し全身麻酔の上、同治療を行った。

　ところが、Aにはもう一人の親権者乙がいた。甲と乙はAの出生後間もなく別居し、Aは甲が引き取っていたが、未だ離婚はしていなかったため共同親権の状態であった。

この親権者乙が上記治療の実施の時点では説明を受けておらず、同意も求められなかったため、親権者としてAに対する治療方法を決定する権利を侵害されたとして、医療機関に対し不法行為に基づく損害賠償請求をしたのである。

　これに対し、裁判所は、乙に対する説明・同意を得ることを行わなかった医療機関の行為は不法行為に該当すると判断し、乙の請求を認めた。

　この裁判は、離婚後共同親権導入の議論の最中に行われたため、その議論と結び付けられて、共同親権を導入すれば親権者間の対立により医療機関が適時に必要な医療を行えないことになるのではないかとの危惧が示されることもあった[23]。

　では、改正法が施行されたとして、仮にこの判決のような事案が生じた場合、本当に懸念されるような不都合が生じるのであろうか。

　本判決の事案では、**前述の虫垂炎の事例とは異なり、速やかな治療は必要であるがそれほどの緊急性がないという事情があった。**したがって、改正法によれば「子の利益のため急迫の事情があるとき」（改正後民法824条の2第1項3号）には当たらないため、親権の単独行使が認められず共同行使となる。したがって、本判決が判示するように、医療機関は双方の親権者に説明を行い、双方から同意を得るようにすべきこととなる。

　そうすると、仮に親権者間で意見対立がある場合には、当該治療ができないこととなるのかという疑問があるかもしれない。しかしそんなことはない。前述のとおり、改正法では、重要な事項について親権者間の協議が調わないときは、家庭裁判所に当該事項の親権行使者を指定してもらえるという制度が設けられた（改正後民法824条の2第3項）。そこで、医療機関としては、親権者らに対し当

---

[23] 「離婚後の共同親権で、どうなる子どもの医療同意 『急迫な事情』とは」朝日新聞デジタル2024年3月17日など。

該医療同意に関する親権行使者の指定の審判や調停を申し立てるよう促し、親権行使者として指定された親権者の意向を受けて対応を検討すればよい。親権者らがかかる審判や調停を漫然として申し立てず、治療が進まない場合には、医療ネグレクトとして児童相談所に虐待通告をすればよい。児童相談所は、必要に応じて家庭裁判所に親権停止（民法834条の2）などの申立てを行うだろう。すでにそのような法制度の整備はできている。医療機関は児童相談所と相談しながら治療を進めていくことになる。

　なお、この裁判が現行法下のケースであること自体が示しているように、実はこのような問題は今に始まったことではない。現行法においても別居中の父母は共同親権者である。離婚後の共同親権が導入されたからといって、新たな種類の問題が発生するわけではない。しかも、現行法では存在しなかった親権行使に関する規定が設けられたことで、今まで、解釈で対応していたのが（本判決もそれに苦心した形跡がある）、明文の根拠をもって対処していけることとなった。この点は積極的に評価してよいのではないだろうか。

❹ 修学旅行の同意

　次に、ガラリと場面を変えて、学校のケースを考えてみよう。

　学校が生徒の修学旅行の参加について親権者の同意を求めているところ、子どもと同居している親権者甲は同意しているが、別居している親権者乙の意向は不明である。この場合、学校は甲の同意だけで参加を認めてよいだろうか。

　この点、**修学旅行は、頻度は少ないものの、教育のカリキュラムの一環として行われるものであるから、それへの親権者の参加同意は監護・教育に関する日常の行為に当たると考えてよいだろう。したがって、親権の単独行使が可能であるから、学校としては、親権**

者乙の意向を確認するまでもなく、親権者甲の同意を受け入れ、当該生徒の参加を認めてよいと思われる。

　ここでも、少し事案を変えてみよう。親権者甲が同意しているが、親権者乙が同意しないことを学校に連絡してきているという場合はどうか。

　甲も乙も監護・教育に関する日常の行為については親権の単独行使ができ、各自が同意する、同意しないという単独行使をしたとも言える。そうなると、この問題は日常行為に関する親権単独行使の矛盾・衝突という問題であるとも考えられる[24]。

　しかし、あえて私はそうは捉えずに、学校としては、教育の一環として修学旅行を実施するのであるから、それが子どもの利益になるものとすでに判断しているわけである。だから親権者の「同意」を求めるという立場にある。そうすると、甲の親権単独行使としての同意を受け入れてよいのではないだろうか。

　元々、監護・教育に関する日常の行為についての親権単独行使が認められたのは、子どもが手元にあるときに、すなわち同居親であればその日常生活において、別居親であれば子どもとの交流中などに、その監護・教育を遺漏なく行うことができるようにする必要があるからであった[25]。そのため、立案担当者の解説においても、父母相互の人格尊重・協力義務（改正後民法817条の12第2項）の内容の一例として、別居親が同居親の日常の行為についての親権単独行使に不当に干渉してはならないことを挙げているところである[26]。

　ただ、乙の言い分を無視してよいわけではない。制約されるのは

---

[24] 仮にこのように考えた場合、あるいは、あくまで父母がそのような主張をしている場合で、こうした矛盾・衝突が頻繁に生ずるような場合には、父母に対し、家庭裁判所に監護者指定の申立てを行って、重要な事項を含め身上監護権をいずれか一方が優先的に行使できるようにしてもらうか（改正後民法824条の3）、監護の分掌により、教育に関する事項は一方のみが親権を行うようにしてもらうか（改正後民法766条1項）、共同親権を単独親権に変更してもらうか（改正後民法819条6項）、などの対応が必要となろう。
[25] 解説（1）118頁。
[26] 解説（1）111頁。

別居親の不当な干渉だからだ。乙がなぜ同意しないのかの理由を聞き、それが合理的なものかを学校として判断すればよい。不合理と判断すれば甲の同意を有効なものとして維持し、合理的かもしれないと判断すれば、甲乙を呼んで話し合いの場を設ける必要もあるだろう。

❺ 海外への修学旅行

では、これが海外への修学旅行だった場合はどうか。これも学校行事である以上、学校としては日常の行為と考えて、上記同様の対処でよいのではないかと思う。

もっとも、海外旅行にはパスポート取得が必要となるので、パスポート申請における親権者間の意見対立の問題は残る。法務省民事局長の国会答弁[27]によれば、発給申請は一方の親権者の署名でできるが、他方の親権者からあらかじめ反対の意思が表示されているときは、双方の合意が確認されてからの発給となる扱いである。しかしいずれにせよそれは外務省の問題で、学校の問題ではない。この点も、今後外務省において適切な対応方法が示されるべきであろう。

❻ 退学の手続

高校や私立の学校で、退学をめぐって親権者間で意見対立がある場合はどうか。退学の手続は日常の行為ではないし、退学することに急迫の事情があるとも思えないので、あくまで共同行使の対象となるだろう。

そこで学校としては、双方から同意を得なければ退学の手続は採ることができない。意見対立が解消しなければ、親権行使者指定の審判を経てもらうということになる。

---

27 衆議院法務委員会議事録第6号令和6年4月2日6頁〔竹内政府参考人〕。

❼ 離婚後共同親権を恐れる必要はない

　以上をまとめると、まず関係機関において何が子どもの利益になるのかを主体的に判断し、それに対する親権者の「同意」を求めるという構造を設定する。その上で、当該事項に同意するという親権者の親権単独行使を受け入れてよいのかを、「急迫の事情」の有無や「監護・教育に関する日常の行為」に当たるかという観点で判断すればよい。その結果、そのいずれかに当たる場合には、一方の親権者（通常は同居している親）の同意を受け入れる。しかし、急迫の事情がなく、日常の行為ともいえない事項については、原則どおり親権の共同行使が必要であるから、親権者間で合意ができなければ親権行使者の指定をしてきてください、という取扱いとなる。

　この考え方を基本形に据えておくと、事案が変わっても応用がきくはずだ。学校など日常的に家庭と接点があり、こうした問題にさらされやすい機関では非常に有益であろう。今回の改正で、親権の原則共同行使というルールが注目を浴びたために、これに過剰に反応して、あらゆる事柄について親権者双方の同意を得ようとする関係機関が増えることが危惧される。今までうまくいっていた婚姻中の共同親権の場合でさえ、そうした事態が生じかねないおそれがある。しかし、過剰反応は禁物である。そのことで不利益を被るのは子どもだからだ。そうした事態が生じないように、私なりの一つの考え方を披露してみた次第である。実務の参考になればと思う。

　ここでは、親権の行使方法を定めた改正後民法824条の2の規定のもとに、子どもと関わりのある関係機関が親権をめぐる問題にどのように対処すればよいかについて見てきた。

　次に、親権行使の方法と養子縁組の手続が交わる場面の話をしよう。

One point check　離婚後共同親権導入後の実務

　親権行使の方法に関する新たな規定が設けられたことで、親権者の「権利意識」（？）が高まり、関係機関に様々な要求がなされる可能性があります。また、関係機関自身がこれに過剰に反応してしまうおそれもあります。

　しかし、本文中でも述べましたが、婚姻中の共同親権と離婚後の共同親権とは同じものです。そのため、関係機関としては、離婚後の共同親権の場合も、婚姻中の父母に対するのと同様の対応をすればよいといえます。また、改正により親権行使の方法を定めた規定が新たに設けられたといっても、現在の解釈と大きく異なるところはなく、現行実務とそれほど変わらないものと思われます。逆に、例外的に単独行使とされる場合が法律上明確にされたことは、実務としては安心感があるのではないかと思います。

　そうした意味で、私自身は、実務はほとんど変わらないだろう、また、変わる必要もないと思っています。

第4章 共同親権になったらどうなる？

3 養子縁組の代諾

とある法律事務所にて

相談者（夫） 離婚後共同親権を選択して子どもの養育については元妻と協力しあってやってきました。でも、元妻が近々再婚するらしく再婚相手と子どもとを養子縁組したいと言ってきています。どうすればいいでしょうか。

弁護士 お子さんはおいくつですか。

相談者（夫） まだ8歳です。

弁護士 では親権者が代わりに行う代諾縁組となりますね。代諾は原則として共同でしなければなりませんので、あなたと元妻さんとで協議をするのが最初ですね。

相談者（夫） 縁組を認めた場合、親権はどうなるのですか。

弁護士 その再婚相手の方が養親になり、養親と元妻さんとの共同親権になります。反面として、あなたは親権者ではなくなります。

相談者（夫） え、私は親権者でなくなるのですか。

弁護士 そうです。ですから慎重に考えたいですね。ただ、親でなくなるわけではないので、お子さんにとってベストな選択は何かという観点から決めたほうがいいですね。聞き方が難しいですが、お子さんの気持ちも大事にしたいですね。

相談者（夫） もし私が子どもにとっては縁組しないほうがいいと思ったら、拒否できるのですね。

弁 護 士　はい、拒否することは可能です。もっとも、元妻さんがそれでも縁組をしたいと考えた場合には、家庭裁判所に親権行使者指定の審判、調停を申し立てることができます。

相談者（夫）　完全には防げないのですね。

弁 護 士　そうですね。ただ、元妻さんが家庭裁判所に代諾権行使者として指定してもらうには、縁組がお子さんの利益のために特に必要があるということを認めてもらわなければなりません。通常の親権行使者の指定の審判と比べてハードルが高くなっています。他方の親権者が親権者でなくなるため、裁判所も慎重に検討するのですね。

1 代諾縁組とは

　親権の行使方法の規定が整備されたこととの関係で、養子縁組の代諾についての改正があった[28]。

　（普通）養子縁組は、養子となる者が15歳未満の場合と15歳以上の場合とで手続が異なる。まず15歳以上の場合は、子ども本人が縁組の手続ができる。家庭裁判所の許可を得て（民法798条）、縁組の届出をすることで縁組の効力が発生する（民法799条、739条）。ただし、孫養子や連れ子養子の場合は家庭裁判所の許可は不要である（民法798条ただし書）。

　これに対し、15歳未満の場合には、親権者などの法定代理人が本

---

[28] 養子縁組には、普通養子縁組と特別養子縁組の2つがある。普通養子縁組は、実父母との親子関係が続く形の養子縁組、特別養子縁組は実父母との親子関係が終了する形の養子縁組である。特別養子縁組については2019年に、養子となれる者の年齢を原則6歳から原則15歳への引上げ、縁組の成立手続の見直しなどの改正があったところだ（2020年施行）。今回改正があったのは、普通養子縁組についてである。

[図表7]

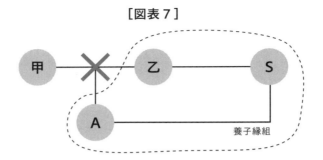

人に代わって縁組をしなければならない（民法797条1項）。これを「代諾縁組」という。なお、代諾縁組の場合も、原則として家庭裁判所の許可が必要であるが、孫養子や連れ子養子の場合は不要であるのは前記と同じである（民法798条）。

❷ 共同親権の場合の代諾の仕方

　今回改正があったのは、上記の代諾に関する取扱いの点である。

　婚姻中か離婚後かを問わず、父母がともに親権者である場合、養子縁組の代諾も共同でなすべき事柄である。そうなると、他の事項と同様に、やはり父母間の意見対立が生じる場合が出てくる。

　特に、[図表7]のように、離婚した甲乙が共同親権者の場合で、子どもと同居している親権者乙が再婚し、子どもAを再婚相手Sと養子縁組させたい場合など、親権者甲と意見が対立することが容易に想像できる。以下、この場合を念頭に話を進めよう。

　仮に養子縁組がなされると、乙とS（つまり再婚した2人）がその子どもの親権者となる（改正後民法818条3項）。その結果として、甲は親権者でなくなる。しかも、現在の判例では、甲は、乙とSに対して親権者変更の申立てをすることもできないと解されている[29]。このことがあるから、親権者甲は養子縁組の代諾に消極的に

---

[29]　最決平成26年4月14日民集68巻4号279頁。

なりやすいのではないかと想像される。

共同親権で父母間に意見対立がある場合は、親権行使者の指定の審判を利用できると説明した。したがって、代諾の意見対立の場合もこの審判の対象となってくる。もっとも、他の事項では、家庭裁判所が親権行使者を指定しても、当該事項限りのことである。これに対して、代諾をしたいと主張する親権者を親権行使者と指定すれば、養子縁組の代諾がなされ、他方の親権者は親権者でなくなるという重大な効果が伴うこととなる。

そこで、改正法では、養子縁組の代諾の場合には、**家庭裁判所は「縁組をすることが子の利益のため特に必要であると認めるときに限り」、代諾の単独行使を主張する親権者を親権行使者と指定することができる**ものとした（改正後民法797条4項）。一般の親権行使者指定の審判をするときよりも、ハードルを上げたのである。

「特に必要」というのは、その効果から、**養子縁組が成立すると実父母が親権者としての権利義務を失うことを考慮してもなお養子縁組を成立させることが子の利益の観点から必要である事情が必要である**とされる[30]。その事情としては、甲側の事情（子どもAとの親和性、これまでの関わりの適切さ）、S側の事情（子どもAとの親和性、すでに同居している場合には現在の関わりの適切さ）、子どもA側の事情（甲・Sとの親和性、意思）などが総合的に考慮されるものと思われる。

❸ 監護者や親権停止中の親の同意に代わる許可

法定代理人が養子縁組の代諾をする場合、監護者（民法766条）が指定されている場合には、その監護者の同意が必要である（民法797条2項前段）。たとえば、父母の離婚後、父が親権者、母が監護

---

[30] 部会資料34-2・24頁、解説（2）118頁。

者となっていた場合、父が代諾で養子縁組をするには、母の同意を得なければならない。これは、養子縁組した場合には養親が子どもの親権者としてその監護をすることとなり、従来の監護者がその地位を失ってしまうため、監護者を同意権を通じて縁組に関与させようとしたものである。

また、親権を停止されている親がいる場合には、その同意も必要である（同項後段）。たとえば、父母婚姻中で父が親権停止を受けている場合には、母が親権者として代諾で養子縁組ができるが、父の同意を得なければならない。親権停止は、親権者の親権を一定期間制限しつつ、その間の改善を促し、親子の再統合を期待する制度である。にもかかわらず、親権停止期間中に、その親の関与なしに養子縁組がなされてしまうことを許すなら、親権停止制度の目的に沿わない結果となる。そこで、親権停止中の親を同意権を通じて縁組に関与させようとしたのである。

これらのルールは現行法で採られているものであり、改正後も変わらない。

しかし、子どもにとって利益になる養子縁組であるのに、監護者又は親権停止中の親が同意をしないために代諾ができないとすれば、それらの者があたかも拒否権を有していることとなり、逆に養子縁組制度の趣旨に沿わないこととなりかねない。特に、今回の法改正では、親権者であっても、家庭裁判所が「縁組をすることが子の利益のため特に必要であると認めるとき」には、他方の親権者による単独の代諾縁組を認める制度ができた。とすれば、親権者でない監護者、親権停止中の親が拒否権を有したままだとすれば、バランスを欠くことにもなる。

そこで、改正法では、上記ルールに追加して、**「縁組をすることが子の利益のため特に必要であるにもかかわらず」、監護者や親権停止中の親が縁組の同意をしないときは、家庭裁判所がそれらの者**

の同意に代わる許可を与えることができるという仕組みが設けられた（改正後民法797条3項）。

　ここでは、養子縁組の代諾に関する親権行使の調整の規律について説明を行った。
　次に、監護者の権限などについて新たな規定が設けられているので、その内容や活用方法等について概観して、この章を締めくくろう。

第4章 共同親権になったらどうなる？

4 監護に関する事項の定め

 とある法律事務所にて

相談者（妻） 監護権って親権とどんな関係にあるんですか。

弁護士 親権は身上監護権と財産管理権から構成されているんですが、そのうちの身上監護権を単に監護権と言ったりしますね。

相談者（妻） うちは別居中で、私が子どもと一緒に暮らしていますが、まだ離婚していないので共同親権の状態ですよね。

弁護士 はい。

相談者（妻） そうすると監護権も両方が持っている？

弁護士 そうです。でも、監護者指定をすれば、その監護者が身上監護を優先的に行うことになります。

相談者（妻） それです！ 監護者指定。先日、友人が別居したとき、監護者指定の審判を裁判所に申し立てたって言ってましたので、私も必要かなって。

弁護士 お連れ合いは、お子さんを無理やり連れて行こうとしたりしますか？

相談者（妻） それはなさそうです。もう半年以上経ってますが、そんな気配は一度もありませんでしたし。

弁護士 それから、学校のことでいろいろと意見が対立して困るってこともないですか？

相談者（妻） それもないです。むしろあまり関心がないのかもしれません。

弁　護　士　なるほど。それでは特に監護者指定をする必要はないように思いますよ。

❶ 監護者とは何か

　民法766条１項では、父母が協議離婚をする際に、「子の監護をすべき者」を定めることができると規定している。いわゆる「監護者」の指定である。父母の協議で定めるのが原則であるが、協議が調わない場合には、家庭裁判所が定める（同条２項）。この規定は、裁判離婚の場合（民法771条）や認知の場合（民法788条）などにも準用されている。

　監護者指定は、離婚の際になされるため、現行法の下では、一方を単独の親権者とし、他方を親権者でない監護者とするという形で用いられるのが本則だ。いわゆる「親権と監護権の分属」と呼ばれる状態である。戦後しばらくの時期は、財産管理（監護以外の部分）は父が行い、子どもの監護は母が行うという実態に合わせて用いられたようだ。また、昭和40年代に親権争いが激化し、合意による解決を図るために、双方が妥協する方策として採られることもあったと言われる。しかし、現在では、親権と監護権の分属はトラブルの基であるとして回避されるのが一般である。

　これに対し、未だ婚姻は解消していないが別居中の父母間においては、監護者指定が積極的に活用されている。前述のとおり民法766条は離婚の際に適用される規定であり、婚姻中の父母には適用がない。しかし、別居は離婚の前段階としてされることが多いため、**別居中に関しては同条の類推適用により監護者指定が可能**とされているのだ。この場合、父母双方が親権者であるから、一方は監護者である親権者、他方は監護者でない親権者となる。別居中どちらが子どもと一緒に暮らすかについて争いがある場合に用いられることが多い。

One point check 監護者指定の基準

　家庭裁判所では、監護者を指定する際、親の事情として、従前の監護状況、現在の監護状況や父母の監護能力（健康状態、経済状況、居住・教育環境、監護意欲や子への愛情の程度、監護補助者による援助の可能性等）、子どもの事情として、子どもの年齢、心身の発育状況、従来の環境への適応状況、環境の変化への適応性、父又は母との親和性、子どもの意思などを総合的に考慮し、父母いずれが監護者として適格であるかが検討されています[注1]。

　とりわけ、従前の監護状況が重視され、同居中に子どもを主として監護してきた者、つまり「主たる監護者」が監護者に指定されることが多いのが実情です。

　これに対し、家族の多様化が進み、「主たる監護者」基準では対応できないケースが増えたことなどを理由に、近時新しい考え方が示されています。

　具体的には、①従前の監護状況、②監護態勢、③子との関係性、④他方の親と子の関係性に対する姿勢の4つのポイント（着眼点）から、父母の監護のいずれがより子どもの利益にかなうかを評価するとし、その評価にあたっては、子の発達段階や置かれた状況等に照らし、その子どもにとって重要なニーズが何かを検討した上、父母いずれの監護が重要なニーズによく適合するかについて検討するものとされています[注2]。

　今後、実務の動向が注目されます。

(注1)　石垣智子＝重高啓「第7回　子の監護者指定・引渡調停・審判事件の審理」東京家事事件研究会編『家事事件・人事訴訟事件の実務～家事事件手続法の趣旨を踏まえて～』（法曹会、2015年）234頁以下。
(注2)　司法研修所編『子の監護・引渡しをめぐる紛争の審理及び判断に関する研究』（法曹会、2024年）53頁。

❷ 離婚後共同親権のもとでの監護者指定

　改正法が施行され、離婚した父母がともに親権者となった場合にも監護者を定めることが可能である。この場合、**一方は監護者である親権者、他方は監護者でない親権者となり、別居中の監護者指定の場合と同じ状態**となる。もっとも、父母は離婚していることから、民法766条1項は類推適用ではなく適用となるように思われる。

　この点に関して、家族法制部会での監護者指定に関連する議論を一つ紹介することとしよう。離婚後共同親権の導入にあたっては、離婚後の父母が共同親権を選択する場合には、必ず一方を監護者に指定しなければならないという制度とすべきだという議論があった。「1　親権行使の方法」で述べたとおり、離婚後の共同親権は、婚姻中と同じフルサイズの共同親権として設計された。これに対しては、共同で養育に責任を負うことが子どもの利益にかなうという理念とは裏腹に、婚姻中のように父母間に夫婦としての信頼関係はもはや存在しない。そんな関係性において、フルサイズの共同親権は本当にうまく機能するのかという問題が指摘されることがある。そこで、身上監護については一方をメインとし、他方をサブとするという意味で、監護者を指定しておいた方がスムーズにいくのではないかという観点から、監護者指定を必須とすべきとする意見が示されたのである。

　しかし、離婚した父母の関係性は多様であり、必ずしも監護者指定がなくとも適切に親権の共同行使ができる父母もいるであろうことから、監護者指定を強制することは適当でないという反対意見もあった。そして結局、**監護者指定は必須とはされなかった。**

　私自身は監護者指定を必須とする立場であったが、他の改正項目も併せて見ると、フルサイズの共同親権といっても、先に述べたように監護及び教育の日常の行為や子の利益のために急迫の事情があ

る場合には親権の単独行使が可能であるから、必ずしも親権行使の停滞を招くおそれも高くはない。また、その父母その父母で、適宜のやり方でともに責任を担っていくことも認めなければならないだろう。とすれば、監護者指定を必須としなかったという結論にも合理性はあったのではないかと考えている。

COLUMN
「監護者」と「同居親」「監護親」って違うの？

　子どもと同居する親を、一般に「同居親」あるいは「監護親」と呼んでいます。「監護者」と似た言葉があてられているので混同しがちですが、これらと「監護者」は同じ意味ではありません。
　「同居親」「監護親」は、子どもと同居しているという事実状態を表しているだけと理解してください。これに対し、「監護者」は父母間で民法766条に基づき、子の監護をすべき者として指定された者のことをいいます。
　したがって、「同居親」「監護親」であっても「監護者」でないということもありますし、「監護者」である「同居親」「監護親」も存在します。
　さらに混乱を招く言葉に「監護権者」という言葉がありますが、これは「監護者」を指すものと考えてよいと思います。

❸ 監護者の権利義務を明確に

　ところで、監護者として指定された者は、どのような権利義務を有するのだろうか。
　監護者指定という制度は従前から存在したが、実は、監護者の権利義務を定めた規定は存在しなかった。そこで、その権利義務がいかなるものかは解釈によるほかなかった。その解釈で一般に受け入

れられていたのは、親権は大きく分けて身上監護権と財産管理権に分けられるところ、監護者はそのうちの身上監護権を行使できるというものであった。仮にそうだとしても、では監護者でない親権者にはいかなる権利義務が残るのかという点は明確ではなかった。

そこで、今回の法改正で、監護者の権利義務を明確にし、監護者でない親権者との関係に関する規律が新設された（改正後民法824条の3）。

まず監護者の権利義務についてである。**監護者は、従来の一般的解釈と同様に、身分行為の代理を除く身上監護権、つまり監護・教育（民法820条）、子の人格の尊重等の義務（民法821条）、居所指定（民法822条）、職業許可（民法823条）について、親権と同一の権利義務を有し、単独で民法820条、822条及び823条の事項を単独行使できる**ことが定められた（改正後民法824条の3第1項）。

次に、監護者でない親権者も親権者であることには変わりがないから、身上監護以外の部分、つまり財産管理権は変わりなく行使できる。では身上監護はどうか。この点、監護者でない親権者は、監護者指定により身上監護全般の権利義務が停止され、財産管理権しか行使できないとする考え方もあった。しかし、本改正では、**監護者でない親権者も身上監護を行うことはできるが、監護者の行為を妨げてはならない**として、監護者の権限行使が優先することが明らかにされたのである（改正後民法824条の3第2項）。

COLUMN

監護者指定のある離婚後共同親権のイメージ

102頁で挙げた離婚家庭に再び登場してもらいましょう。

性格の不一致で離婚することとなった甲と乙ですが、甲が子Ａと同居し、乙が近隣に居住して、甲乙間で仕事を調整しながら、

分担してAの育児に当たることとし、離婚後共同親権を選択したというケースでした。

　もっとも、同居中、甲と乙はAの育児について意見がぶつかることもありました。そのため、甲としては、Aの育児については、甲がメインで、乙はサブとして甲に協力するという体制にしたいと考えました。そこで、甲と乙で話し合って、甲を監護者とすることにしました。

　このようにしても甲と乙が互いに分担してAの養育に当たる体制を変える必要はありません。ただ、サブの甲がAの養育を担っている場面では、甲は乙の方針を逸脱することはできません。たとえば、病院に連れて行くか、どの薬を飲ませるか、学校行事の参加をどうするか等は乙が最終の決定権を持つことになります。

　他方で、仮にAが祖父母から相続した収益不動産があるとしましょう。その賃料の管理・運用、建物の修繕、ひいては売却等といった財産管理に関しては、甲乙間で優劣はありません。甲乙で相談しあって、共同で行使していくこととなります（[図表8]参照）。

[図表8]　監護者指定のある共同親権下の親権行使方法

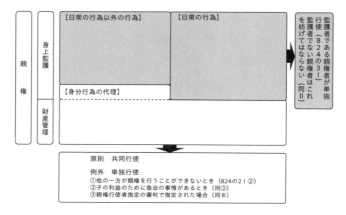

④ 監護の分掌とは何か

　父母が離婚の際に決めることとして、民法766条１項には、監護者の指定、親子交流、養育費の分担が例に挙げられているが、これに「監護の分掌」が加わった。たとえば、監護を担当する時間で分担し合ったり、監護に関する一部の事項（たとえば教育に関する事項など）を父母の一方に委ねるといった分担をすることなどがあり得る。

　なお、監護者指定は、監護者が身上監護全般を担うのに対して、監護の分掌は、身上監護を父母で分担し合うという違いがある。もっとも、親権行使者の指定審判の対象とされる事項ほど特定性の高い事項ではなく、ある程度抽象度の高い事項を分担し合うことが想定されている。

COLUMN

監護の分掌をしたときのイメージ

　またまた甲乙Ａの家庭に登場してもらい、離婚後共同親権が採られた上での監護の分掌のイメージを考えてみましょう。

① 　乙の仕事は週末や休日が出勤日で、平日に休みが設定されています。そのため、週末や休日はＡのお世話をすることができません。そこで、Ａのお世話に関しては、乙の仕事がある週末や休日は甲が担うこととし、それ以外は乙が担うという形で分担し合うことにしました。

② 　甲が医療従事者で、同居中もＡの医療関係のことは主として甲が判断していました。そこで、離婚後も医療関係のことに関しては甲が担うこととし、その他は全般的に乙が担うこととしました。

　上記の①が時間による監護の分掌、②が事項による監護の分掌です。

❺ 監護者指定、親権行使者指定、監護の分掌の使い分け

親権者間で子どもの監護に関して争いが生じ、家庭裁判所に決めてもらいたいとき、どのような申立てをすることができるのかを考えてみよう。

たとえば、親権者の一方が子どもを連れて別居しようとしているが、他方がこれに同意しないとする。この場合、子連れ別居しようとする方が、居所指定に関して、自分を親権行使者に指定するよう家庭裁判所に申立てをすることが考えられる。あるいは、居所指定についてだけ親権行使者とされても、その後の身上監護について争いが生じることが想定される場合は、より広く身上監護全般に権限が及ぶ監護者指定を求めることも考えられる[31]。

次に、子どもの進学先について親権者間で意見が対立する場合はどうか。この場合、当事者は、当該事項に関しての親権行使者の指定を家庭裁判所に求めることが考えられる。そのほか、監護の分掌として、教育に関する事項の分掌を求めることも考えられるし、より広く身上監護全般に権限が及ぶ監護者指定を求めることも考えられる。もっとも、進学先の選択自体は身上監護の範囲内にあるが、その後の在学契約の締結は財産管理権の対象事項である。そのため、教育に関する監護の分掌の命令を受けた者や監護者指定を受けた者は単独で子どもを代理して在学契約を締結することができない。そう考えれば、当該進学に関する事項（契約締結を含む）の親権行使者の指定を求めることが妥当であろう[32]。他方、親自身が子どもを在学させる契約の主体だと考えることもでき、そう考えれば監護の分掌や監護者指定で足りるともいえる。在学に関する契約の性質によって対応を検討することになろう。

---

[31] 部会資料35－2・10頁参照。
[32] 部会資料35－2・9頁。

❻ 第三者の監護者指定は見送り

　監護者指定は、先に説明したとおり、①父母が離婚するときに一方を親権者とし、他方を監護者とする形（民法766条適用）、②父母が婚姻中かつ別居中に、うち一方を監護者とする形（民法766条類推適用）、③父母が離婚するときに、双方を親権者とし、うち一方を監護者とする形（改正法施行後の民法766条適用）の３つのパターンがある。いずれにしても、父又は母のいずれかが監護者になる。

　これに対し、父母以外の第三者を監護者として指定できるかという問題がある。たとえば、父母が子どもを育てられない事情があり、祖父母等の親族が子どもを監護してきたようなケースで、その監護状態を維持するために祖父母等の親族を監護者に指定できるかといった形で問題とされてきた。

　実務上、民法766条の類推適用などの方法でこれが認められてきた時期があった。しかし、最決令和３年３月29日民集75巻３号952頁は、民法766条はあくまで父母間に適用される規定であって、同条に基づいて父母以外の第三者が自らを監護者に指定するよう申し立てることはできないとの判断を示した。

　そこで、今回の法改正の議論において、実務的に有用とされてきた第三者の監護者指定を立法により認めるかどうかが検討された。この点、私を含む弁護士委員・幹事は、これを立法により導入すべきだと主張した。その理由は次のようなものであった。

　たとえば、父母が離婚し、母が単独親権者となったが、母の生活が落ち着かず、子どもの監護は実家の祖父母に任せきりであった。ところが、母が再婚したのをきっかけに、突然その再婚相手と共に子どもを養育すると言って、養育の体制も整っていないのに子どもを引き取ることを申し出てきたようなケースを考えてみる。このようなケースでは、子どもをすぐに母と再婚相手に引き渡すのには、

子どもの福祉という観点からやはり不安がある。少なくとも、子どもと母及び再婚相手との一定の交流期間を経た上で引き渡すなどの方法が検討されてしかるべきである。ところが、祖父母には何らの権限もないため、親権者である母から子どもの引渡しを求められれば直ちに引き渡す義務がある。これを回避するために、祖父母の申立てにより、家庭裁判所が民法766条を類推適用して祖父母を監護者に指定するということが実務上行われてきた。

たしかに、この場合、親権者母の引取要求を拒否する方法としては、親権停止などの制度がある。しかし、祖父母としては、上記のとおり、一定の準備期間を経た上で親権者に子どもを引き渡すことを検討していることもあり、親権停止などの大ナタはふるいたくない。親権者との関係が完全に決裂してしまうおそれもあるからだ。この点、第三者による監護者指定は、親権者による不適切な関わりへの対応策として機能しつつも、程よく親権者と第三者との間の調整の役割を担ってきたといえる。それが最高裁により形式的な理由で否定されたのであれば、立法により新しい制度として設けるべきである。

かかる意見に対しては、仮に親権者が不適切な養育をしているのであれば、きっちりと親権制限制度を活用すべきである、親権制限制度は2011年の民法改正によりすでにそれに対応できる制度となっている、といった理由から、第三者の監護者指定の導入には慎重意見が多く示され、最終的に法改正には至らなかった。

たしかに親権停止制度が導入された際に、その活用が期待される場面として第三者の監護者指定が用いられてきたようなケースが挙げられていた。しかし、現実には、最高裁で否定されるまでは、なお第三者の監護者指定が活用されてきたという実態を考えると、やはり今回の改正で導入されるべきであったのではないかと思う。そうでなければ、親権停止制度をさらに使いやすくするような見直し

を検討すべきかもしれない。

　本章では、親権の行使方法とその調整の手続、子どもと関わりのある関係機関の親権をめぐる問題への対応、代諾養子縁組の親権者間の調整の規律、監護者の権利義務に関する規定等について説明を行った。

　次の章では、養育費に関する新しい制度について見ていくこととしよう。

COLUMN

「しろばんば」

〈5歳男児。母が妹を出産する折に祖母に預けられる。以来、祖母にすっかり懐き、母が引き取りに行っても帰らず、祖母が男児の養育を継続する。〉

　井上靖「しろばんば」の設定です。時代は大正時代。男児「洪ちゃ」は祖母の暮らす家の土蔵で寝起きしています。少し年数が経った頃、母が「洪ちゃ」を引き取りに来ますが、祖母はこれに応じません。仮に祖母から相談を受けた弁護士であれば、第三者の監護者指定を考えるような事案です。しかし、母と祖母は大喧嘩しながらも、「洪ちゃ」の意向を尊重して、それなりに折り合っていきます。親族間の子の監護紛争という視点からも楽しめる作品です。

第5章

「養育費」の履行確保

第5章 「養育費」の履行確保

1 改正の背景

とある法律事務所にて

相談者（妻） 不貞をした夫と離婚をしたいのですが、どうも踏み切れなくて。

弁護士 何か踏み切れない理由があるんですね。

相談者（妻） はい。私はこれまでパートしかしていませんでしたので、先立つものがありません。私の100万円そこそこの年収だけでは到底子どもを育てていけません。

弁護士 なるほど。経済面での不安ですね。離婚に際しては財産分与や慰謝料などの一時金の請求もできますが、定期的に養育費の請求もできますよ。

相談者（妻） 一応はスマホで調べました。でも、いくらくらいもらえるのかまでは分かりませんでした。

弁護士 養育費の金額は、双方の収入資料があれば、ある程度試算はできますよ。児童扶養手当などとともに、離婚後の生活がシミュレーションできますね。

相談者（妻） でも、夫はいい加減な人ですから、一度取決めをしても、逃げられるとそれまでという気もして……。

弁護士 逃げられるとそれまで、という点は、今回の法改正でかなり改善が進んでいますよ。給与の差押えがやりやすくなりました。

相談者（妻） もし転職したりしてもですか。

弁護士 転職先も調べられます。

相談者（妻） そうなんですね。

❶ ひとり親世帯の貧困率

　厚生労働省「2022（令和4）年 国民生活基礎調査の概況」によれば、2021年の「子どもがいる現役世帯のうち大人が一人の世帯」（多くはひとり親世帯と思われるので、ここでは一応ひとり親世帯と考える）の相対的貧困率は44.5％である。近年減少傾向にあるものの未だ半数近くに及ぶ。全世帯の相対的貧困率が15.4％であるので、ひとり親世帯の相対的貧困率が特に高いことが分かる［図表9］。

　こども家庭庁作成の資料によると、この割合は、OECD加盟国のうち信頼できるデータのある36か国中32位であり、かなりの下位に位置する［図表10］。

　ちなみに、これを下回ると相対的貧困とされるラインは、等価可処分所得[33]の中央値の2分の1と設定されており（OECD基準）、2021年は127万円であった。大雑把に言えば、半数近くのひとり親世帯が手取り年収127万円で生活せざるを得ない状況にあるといえる。極めて過酷な状況というほかない。

❷ 取決め率、受給率の低さ

　ひとり親家庭の貧困の要因の一つに、他方親からの養育費の不払い問題が挙げられる。

　令和3年度全国ひとり親世帯等調査では、母子世帯において、養育費の「取り決めをしている」が46.7％と約半数にとどまり、養育費の支払いを「現在も受けている」は28.1％と低調である。父子世

---

[33] 世帯の可処分所得（収入から税金・社会保険料等を除いたいわゆる手取り収入）を世帯人員の平方根で割って調整した所得。

帯では、「取り決めをしている」が28.3％、支払いを「現在も受けている」が8.7％と、やはりいずれも低調である。

取決めの状況と受給状況については相関関係があり、取決めをしている世帯で見れば、母子世帯では57.7％が、父子世帯では25.9％が「現在も受けている」と比較的高い割合になっている［図表11］。

また、離婚届用紙に設けられた親子交流及び養育費の取決めのチェック欄の集計によれば、養育費の取決めをしている者の割合は60％を下回っている[34]。

取決め率、受給率を今後どのようにして上げていくかというのが課題である。

［図表９］　貧困率の年次推移

注：1）貧困率は、OECDの作成基準に基づいて算出している。
　　2）大人とは18歳以上の者、子どもとは17歳以下の者をいい、現役世帯とは世帯主が18歳以上65歳未満の世帯をいう。
　　3）等価可処分所得金額不詳の世帯員は除く。
　　4）1994（平成６）年の数値は、兵庫県を除いたものである。
　　5）2015（平成27）年の数値は、熊本県を除いたものである。
　　6）2018（平成30）年の「新基準」は、2015年に改定されたOECDの所得定義の新たな基準で、従来の可処分所得から更に「自動車税・軽自動車税・自動車重量税」、「企業年金の掛金」及び「仕送り額」を差し引いたものである。
　　7）2021（令和３）年からは、新基準の数値である。
　　　　　　　　　　　　　　出典：厚生労働省「2022（令和４）年 国民生活基礎調査の概況」（図13）より

34 法務省ウェブサイト「離婚届のチェック欄の集計結果」。

[図表10] 貧困率の国際比較

	相対的貧困率			こどもの貧困率			こどもがいる世帯の貧困率						
							計		大人が一人		大人が二人以上		
順位	国名	割合	順位	国名	割合	順位	国名	割合	順位	国名	割合	順位	国名	割合
1	アイスランド	4.9	1	フィンランド	2.9	1	フィンランド	3.4	1	デンマーク	9.7	1	フィンランド	2.0
2	チェコ	5.3	2	デンマーク	4.8	2	デンマーク	3.8	2	フィンランド	16.3	2	アイスランド	2.8
3	デンマーク	6.5	3	アイスランド	5.4	2	スイス	3.8	3	アイスランド	18.9	3	デンマーク	3.5
4	フィンランド	6.7	4	スロベニア	6.0	4	アイスランド	4.5	4	ノルウェー	23.4	4	チェコ	3.6
5	スロベニア	7.0	5	ノルウェー	6.7	5	スロベニア	5.1	5	ハンガリー	23.5	5	スロベニア	4.0
6	ベルギー	7.3	6	ポーランド	7.1	6	チェコ	5.4	6	ポーランド	23.8	6	スイス	4.1
7	アイルランド	7.7	7	カナダ	7.3	7	スロベニア	6.7	7	スロベニア	24.5	7	アイルランド	4.5
8	スロバキア	7.8	8	アイルランド	7.4	7	ポーランド	6.7	8	ラトビア	24.8	7	ノルウェー	4.5
9	ノルウェー	7.9	9	チェコ	7.8	9	アイルランド	7.0	9	スウェーデン	25.3	9	ベルギー	5.3
10	オランダ	8.2	10	ベルギー	8.0	10	スウェーデン	7.8	10	ギリシャ	26.8	10	スウェーデン	5.4
11	フランス	8.4	11	スウェーデン	8.8	11	ベルギー	8.0	11	ドイツ	27.2	11	フランス	6.0
12	カナダ	8.6	12	韓国	9.8	12	オーストリア	8.6	12	アイルランド	27.5	12	オランダ	6.3
13	ハンガリー	8.7	13	ハンガリー	10.2	13	ハンガリー	8.8	12	ポルトガル	27.5	13	ポーランド	6.4
14	ポーランド	9.1	14	オランダ	10.3	14	オランダ	8.9	14	イギリス	28.1	14	ドイツ	6.7
15	スウェーデン	9.2	15	エストニア	10.6	15	ラトビア	9.3	15	チェコ	28.4	15	ニュージーランド	7.3
16	オーストリア	9.6	15	ラトビア	10.6	16	エストニア	9.4	16	エストニア	29.1	16	オーストリア	7.5
17	ルクセンブルク	9.8	17	リトアニア	10.6	17	フランス	9.5	17	フランス	29.1	17	エストニア	7.5
18	スイス	9.9	18	スイス	11.4	16	ドイツ	9.4	18	ベルギー	29.5	18	ラトビア	7.6
19	ドイツ	10.9	19	日本	11.5	19	カナダ	9.8	18	オランダ	29.5	19	カナダ	7.7
20	イギリス	11.2	20	フランス	11.7	20	日本	10.6	20	オーストリア	31.0	19	ハンガリー	7.7
21	ニュージーランド	12.4	20	ドイツ	11.7	21	スロバキア	11.0	21	トルコ	31.2	21	日本	8.6
22	オーストラリア	12.6	22	イギリス	11.9	22	ポルトガル	11.1	22	イタリア	33.4	22	オーストラリア	8.8
23	ポルトガル	12.8	23	オーストリア	12.0	23	ニュージーランド	11.3	23	スロバキア	33.6	23	リトアニア	9.5
24	ギリシャ	13.0	24	スロバキア	12.4	24	オーストラリア	11.5	24	イスラエル	33.9	24	ポルトガル	9.7
25	イタリア	13.5	25	オーストラリア	13.3	25	韓国	11.6	25	メキシコ	34.2	25	イギリス	9.9
26	リトアニア	14.1	26	ニュージーランド	14.8	26	イギリス	12.3	26	ルクセンブルク	40.2	26	スロバキア	10.2
27	トルコ	15.0	27	ポルトガル	15.2	27	ギリシャ	13.5	27	スペイン	40.3	27	韓国	10.7
28	韓国	15.3	28	ギリシャ	15.2	28	リトアニア	13.8	28	オーストラリア	41.0	28	ルクセンブルク	12.1
29	日本	15.4	29	ルクセンブルク	15.6	29	ルクセンブルク	14.3	29	リトアニア	41.3	29	ギリシャ	13.2
29	スペイン	15.4	30	イタリア	17.2	30	メキシコ	16.4	30	チリ	42.6	30	アメリカ	14.9
31	エストニア	15.8	31	アメリカ	18.6	31	イタリア	17.2	31	カナダ	44.1	31	メキシコ	15.3
32	アメリカ	16.4	32	メキシコ	19.9	32	スペイン	17.6	32	日本	44.5	32	日本	16.1
33	チリ	16.5	33	イスラエル	20.1	33	イスラエル	18.2	33	アメリカ	45.7	33	スペイン	16.4
34	メキシコ	16.6	34	チリ	21.5	34	アメリカ	18.3	34	ニュージーランド	46.1	34	チリ	16.7
35	イスラエル	16.9	35	スペイン	21.5	35	トルコ	18.4	35	コスタリカ	47.4	35	イスラエル	17.7
35	ラトビア	16.9	36	トルコ	22.4	36	チリ	18.9	36	韓国	47.7	36	トルコ	18.2
37	コスタリカ	20.3	37	コスタリカ	27.4	37	コスタリカ	24.3	ー	コロンビア	ー	37	コスタリカ	22.1
ー	コロンビア	ー	ー	コロンビア	ー	ー	コロンビア	ー	ー	スイス	ー	ー	コロンビア	ー
	OECD平均 11.4			OECD平均 12.4			OECD平均 11.0			OECD平均 31.1			OECD平均 9.2	

(注1)「相対的貧困率」及び「こどもの貧困率」の出典はOECD "Income Distribution Database"。「こどもがいる世帯の貧困率」の出典はOECD Family Database "Child poverty"。いずれも2023年7月19日閲覧。

(注2)「相対的貧困率」、「こどもの貧困率」及び「こどもがいる世帯の貧困率」の日本の数値は、2022年国民生活基礎調査(厚生労働省)に基づく2021年のデータであり、2015年に改定されたOECDの新たな所得定義に基づく数値。

(注3)「相対的貧困率」及び「こどもの貧困率」のチリ及びアイスランドは2017年、デンマーク、フランス、ドイツ、スロバキア、スイス及びトルコは2019年、コスタリカ、フィンランド、日本、ノルウェー及びスウェーデンは2021年、それ以外の国は2020年の数値。コロンビアは数値なし。

(注4)「こどもがいる世帯の貧困率」のニュージーランドは2014年、オランダは2016年、チリ、デンマーク、ハンガリー、アイスランド、スイス及びアメリカは2017年、カナダ、ラトビア、スウェーデン及びイギリスは2019年、コスタリカは2020年、日本は2021年、それ以外の国は2018年の数値。大人が一人のこどもがいる世帯の貧困率のスイスの数値はOECDデータベース上0%となっているが、有効な数値か不明なため数値なしとしている。コロンビアは数値なし。

(注5)各項目のOECD平均は、37か国(「こどもがいる世帯の貧困率」の「大人が一人」については36か国)の単純平均。

出典:こども家庭庁「こどもの貧困対策・ひとり親家庭支援の現状について」より

[図表11] 養育費と親子交流の状況

養育費	母子世帯	父子世帯
取り決めをしている	46.7%（42.9%）	28.3%（20.8%）
現在も受給している（※3）	28.1%（24.3%）	8.7%（3.2%）

養育費の取り決めをしている世帯でみると、「現在も受給している」は、母子世帯で57.7%（53.3%）、父子世帯で25.9%（15.6%）である。

親子交流	母子世帯	父子世帯
取り決めをしている	30.3%（24.1%）	31.4%（27.3%）
現在も行っている（※3）	30.2%（29.8%）	48.0%（45.5%）

※1 令和3年度の調査結果は推計値であり、平成28年度の調査結果の構成割合との比較には留意が必要。
※2 （　）内の値は、前回（平成28年度）調査結果を表している。（平成28年度調査は熊本県を除いたものである）
※3 取り決めの有無にかかわらない。

出典：こども家庭庁「こどもの貧困対策・ひとり親家庭支援の現状について」より

❸ 政府における対策の検討

　このような状況を受けて、政府としても養育費不払い問題への対策の検討をしてきた。

　2020年1月には法務大臣が直轄の私的勉強会を立ち上げ、同年5月に「法務大臣養育費勉強会取りまとめ～我が国の子どもたちの未来のために～」を公表した。引き続いて法務省は、同年6月、養育費不払い解消に向けた検討会議を立ち上げ、同年12月、「養育費不払い解消に向けた検討会議・取りまとめ（子ども達の成長と未来を守る新たな養育費制度に向けて）」（以下「養育費不払い解消検討会議取りまとめ」という）を公表し、幅広い対策を提案した。

　また、同年6月、養育費の立替払い・強制徴収等の制度導入に特化した検討を行う目的で、法務省と厚生労働省をメンバーとする不払い養育費の確保のための支援に関するタスクフォースを設置し、同年12月、論点整理を公表した。

　また、近時、政府は養育費受給率の数値目標を設定している。

2031年に、母子世帯の数値を指標として、全体の受給率を40％、取り決めありの場合の受給率を70％とすることを目指すとしている（内閣府男女共同参画局ほか「養育費受領率の達成目標について」令和5年4月25日）。

4 自治体による取組み

　自治体による離婚当事者に対する総合的な支援も行われている。

　兵庫県明石市は先駆的にこれに取り組んできた。相談や情報提供、取決め支援、養育費の立替え、親子交流支援などを提供している。取決め支援においては、参考書式の配布、弁護士職員等による調停申立書の書き方のアドバイス、公正証書作成費用等の助成などが行われている（家族法制部会第3回会議・泉参考人提供資料より）。

　国においては、法務省による委託調査研究として、商事法務研究会が「養育費の不払い解消等に向けた自治体における法的支援及び紛争解決支援の在り方に関する調査研究」を実施している。この調査研究では、複数のモデル自治体においてモデル事業としての支援が提供された。部署間連携及びプッシュ型支援、弁護士とのオンライン法律相談、裁判手続の申立書作成等支援、裁判手続の手数料補助や裁判所によるオンライン手続案内等の支援などである。今後、本格的な事業として実施されることが期待される。

5 ADR法の改正

　近時のADR法改正も養育費不払い問題の対策の一つに挙げることができる。

　調停や審判は、法令や一般的運用に則って事件処理が行われるという高い信頼性がある一方で、通常の開庁時間以外の夜間や週末に

利用することができない、一般的に期日の設定が1か月ごと（最短で）となっており解決までに時間がかかる場合も多いなどの問題が指摘される。

このような問題を回避するために、民間事業者による裁判外紛争解決手続（Alternative Dispute Resolution＝ADR）が利用されることも増えてきた。当事者のニーズにフィットした形で話し合いが行われる。夜間や週末でも行うことができるし、短期間で集中して協議を行うこともできる。また、オンラインでのADR（Online Dispute Resolution＝ODR）も大いに活用されている。実施事業者は、裁判外紛争解決手続の利用の促進に関する法律（通称ADR法）の認証を受けることができ、その信頼性の裏付けとなっている。

しかし、ADRには、一方当事者に債務不履行があった場合の履行確保の手当てがないという問題が指摘されてきた。他方当事者は、履行を求める裁判を起こし、判決を得なければ強制執行ができないのである。そこで、2023年にADR法が改正され、一定の場合にはADRでの和解契約に基づく強制執行を可能とする仕組みが設けられた。この改正は2024年6月1日から施行されている。

その仕組みはこうである。改正法は、ADRで成立した和解のうち、その和解に基づいて民事執行をすることができる旨の合意がされたものを「特定和解」と呼ぶ（ADR法2条5号）。この特定和解に基づいて強制執行をしようとする当事者は、裁判所に対し、執行決定（特定和解に基づく民事執行を許す旨の決定）を求める申立てをする（同法27条の2第1項）。そして裁判所は、その特定和解が、無効、取消しその他の事由により効力を有しないなどの場合を除き、執行決定をしなければならない（同条10項）。**確定した執行決定のある特定和解を債務名義として、民事執行の申立てを行うことができる**（ADR法一部改正法による改正後の民執法22条6号の5）。

この仕組みは、消費者と事業者の間の特定和解、個別労働紛争に

関する特定和解、人事に関する紛争その他家庭に関する紛争に係る特定和解等については適用されないが、養育費等請求権については適用がある（ADR法27条の3第3号）。したがって、この改正により、ADRで取り決めた養育費の履行確保が図られ、翻ってADRを利用した取決め自体の促進の効果も見込まれる。

　同時並行で進んできたこれら養育費不払い問題への諸策であるが、民法等の改正によってさらなる大胆な対策を行ったのが今回の改正である。早速の改正の内容を見ることとしよう。

第5章 「養育費」の履行確保

2 養育費等請求権への一般先取特権付与

とある法律事務所にて

＊＊＊改正法施行後＊＊＊

相談者（妻） 元夫が、協議離婚の当時に決めた養育費を支払いません。少し前から支払いが遅れるようになり、一部の不払いが始まり、今ではまったく支払わなくなりました。

弁護士 それはいけませんね。給与の差押えを検討したいところですが、養育費の合意は文書でしていますか。

相談者（妻） はい。でも公正証書じゃありません。

弁護士 今までなら公正証書などの一定の公的文書でないと差押えができないところでした。しかし、改正法が施行されて、私的な文書でも、合意の内容が明確になっていれば差押えができるようになりました。

相談者（妻） え、いきなり差押えができるのですか？

弁護士 そうです。養育費債権に先取特権という担保権が付与されて、ある意味抵当権などと同じような扱いになったんですよ。

相談者（妻） 抵当権って、住宅ローンのときに不動産につけるものですよね。

弁護士 そうです。住宅ローンを支払わないと、銀行はいちいち判決などを取らなくても、抵当権を実行して不動産を競売できるんですよね。それと同じです。

相談者（妻） そうなんですね。

弁護士　ちなみに、養育費の金額はいくらですか。
相談者（妻）　1人あたり月額30万円ですから、2人で60万円です。
弁護士　なるほど。そうすると、場合によっては、判決などを取らずに差押えができるのは一定額に限定されることになるかもしれません。他の債権者との関係もあって、標準的な金額までしか先取特権は付与されないことになっているんです。
相談者（妻）　それでもゼロよりはいいので、是非お願いしたいと思います。

❶ 一般先取特権の付与

　養育費の履行確保の方策として、**養育費、後述の法定養育費、婚姻費用、扶養等の請求権（以下「養育費等請求権」という）に一般の先取特権を付与することとされた**（改正後民法306条3号、308条の2）。

　先取特権の対象となる請求権の範囲は、他の債権者との公平の観点から、**「子の監護に要する費用として相当な額」の部分**とされた。そして、この「相当な額」は、**「子の監護に要する標準的な費用その他の事情を勘案して当該定期金により扶養を受けるべき子の数に応じて法務省令で定めるところにより算定した額」**とされ、法務省が定めることとなっている（改正後民法308条の2第1項）。

　たとえば、婚姻費用の請求であれば、配偶者の生活費部分は「子の監護に要する費用」ではないので先取特権は及ばない。また、養育費であっても、それが非常に高額な場合など、「相当な額」を超える部分には先取特権は及ばないこととなる。

　先取特権が及ぶ債権の範囲では、債権者は、調停調書、審判書、公正証書などの債務名義がなくても、当該先取特権の存在を証する

文書（私的な文書でもよい）をもって、債務者の資産や給与の差押えなどの担保権実行の申立てができる（民執法181条1項4号、190条2項、193条1項）。養育費の履行確保の強力な手段となり得るものといえる。

なお、施行日前に養育費等の取決めがなされた場合、施行日後に発生した養育費等請求権についてのみ、先取特権が及ぶ（改正法附則3条1項）。

家族法制部会で、養育費の履行確保のために先取特権を付与するという提案がなされたときは、私自身かなりの驚きをもって受け止めたことを記憶している。先取特権という担保物権は、抵当権や質権などと違って、必ずしもメジャーなものではなく、私自身も扱った経験がなかったからだ。まして、一般の読者には馴染みが薄いだろう。

そこで、以下では、債務名義とはいったい何か、先取特権とはどういうものなのか、他の債権者との公平とはどういう意味なのかなどについて噛み砕いて説明していくこととしよう。

❷ 先取特権とは何か

先取特権とは、担保物権の一つである。

民法が定める担保物権には、他に抵当権、留置権、質権がある。一般の読者にも馴染みが深いのは抵当権だろう。マイホームを購入するときに住宅ローンを組めば、銀行はその不動産に抵当権をつける。そして、債務者が住宅ローンの支払いを怠れば、銀行は抵当権に基づいて不動産を競売に掛けることができる。その売却代金から、抵当権のない他の債権者や、順位の低い抵当権者よりも先に弁済を受ける。そうやって債権を担保しておくのだ。

先取特権も、「先取」という言葉が付いているように、同じ債務者に対して債権を有する債権者同士の間で（ただし優先度の高い担保権を持つ債権者は除く）、優先的に債務の弁済を受けられるという担保物権だ（民法303条）。一定の種類の債権については自動的に発生する。

　先取特権には種類があるが、養育費等請求権に付与されたのは「一般の先取特権」（以下「一般先取特権」という）という種類のものである。現行法では、一般先取特権は、①共益の費用、②雇用関係、③葬式の費用、④日用品の供給によって発生した債権を有する者が取得する。①から④の順で優先度が高いが、養育費等請求権は、②の次に位置付けて規定された（改正後民法306条3号）。

　この先取特権を有することの効果を、養育費等請求権について見ていくこととしよう。

　たとえば、XとYが離婚し、Xが子どもを引き取って育てているとする。そして、XY間では、文書で、YがXに対して毎月末日までに月額10万円の養育費を支払う合意がなされている（この養育費の金額は法務省が定める「相当な額」の範囲内であるとしよう）。ところが、Yはギャンブルにハマり出し、勤め先から受け取った給与をギャンブルに使ってしまい、しばらく養育費の支払いを怠っている。現在の不払額は50万円である。また、Yは消費者金融から200万円を借りている。Yの資産としては、100万円相当の中古車があるだけだ。

　現行法においては、理屈としては、Yの中古車を売却して得た100万円は債権額に応じて1：4で分配することになるので、Xは20万円、消費者金融は80万円を回収することとなる。しかも、これはYが任意に中古車を売却し、各債権者に支払った場合である。そうでなければ、Xは裁判所に持ち込んで、まず判決などの債務名義を得てから、競売にかける必要がある。しかし、改正法によりXは

この養育費請求権について一般先取特権を有することとなった。これにより、Xは、XY間の私的な合意文書によりYの中古車を競売にかけ、強制的かつ優先的に50万円を回収できる。その結果、消費者金融は200万円のうち50万円しか回収できない。これが一般先取特権の効力である。

③ 他の債権者との公平

では、上のケースで、Yが、消費者金融に返済するくらいなら養育費として支払いたいと考え、近時、養育費の金額を法務省の定める「相当な額」を超える月額50万円に変更していたとしよう。そして、不払額が100万円に達していたとする。仮に、この全額について先取特権が及ぶとすれば、Yの中古車の対価100万円全額をXが回収できることとなる。

しかし、これでは、XYが示し合わせて消費者金融をはじき出したようなものだ。これではいくら養育費が重要だからといって、債権者間の公平を害することとなる。そこで、改正法では先取特権が及ぶ範囲を法務省が定める「相当な額」に限定したのである。

④ まとめ

補足を加えながら以上をまとめると、まず債務名義とは、確定判決、調停調書、家事審判書、執行認諾文言のある公正証書などの文書を指す（民執法22条）。そして、強制執行は、執行文の付された債務名義の正本に基づいて実施するとされている（同法25条）。そのため、改正前は、養育費の強制執行は調停調書、家事審判書、公正証書などがなければできなかった。

これに対し、先取特権は担保物権であるため、債務名義がなくて

も、担保権の存在を証する文書の提出があれば、担保権の実行として給与等の差押えができる（民執法181条1項4号、190条2項、193条1項）。つまり、父母間の私的な合意文書さえあれば（もちろん法的に有効なものである必要がある）、新たに調停や審判を起こしたり、公正証書にしたりしていなくとも、差押えの申立てができる。強制的な取立ての手続が簡素化されたのである。

なお、債務者がこれに不服がある場合には、執行抗告をして、担保権の不存在又は消滅を主張することができる（改正後民執法193条2項、182条）。

以上、養育費等請求権に一般の先取特権が付与されたことの意味を詳しく見てきた。次に、新たに設けられた法定養育費制度について見ていくこととしよう。

One point check　養育費等請求権の先取特権の付与をめぐる運用

　養育費等請求権に先取特権が付与されることで、当事者間の私的な合意文書だけで差押えができるようになったことは、養育費の履行確保の選択肢を増やし、当事者の細やかなニーズに応えるものとして評価できます。

　たとえば、合意形成が困難な場合には、従前どおり裁判所の力を借りて合意形成を目指す調停が活用されるでしょう。そして、その成果である調停調書は債務名義になります。

　また、葛藤がそれほど高くなく、しかし当事者の協議だけでは不安で、一般的な運用に従った解決をしたいという場合や、早期解決を目指したい場合などは、ADRを活用することが増えるでしょう。その成果である特定和解は、執行決定を得れば債務名義になりますし、それ自体、「相当な額」の範囲では先取特権の実行の根拠となります。

　当事者間ですでに合意ができている場合には、従来どおり公正証書にして債務名義にしておくこともできますし、先取特権の実行が可能であればよいので、弁護士に合意文書の作成だけを依頼するということも考えられます。

　なお、養育費に関する債務名義による強制執行と先取特権の実行との違いは、前者は金額の上限がないのに対し、後者は政令で定める「相当な額」に限定されるという違いがあります。

　当事者がそれぞれのニーズに応じて選択することとなるでしょう。

第5章 「養育費」の履行確保

3 法定養育費制度

とある法律事務所にて

＊＊＊改正法施行後＊＊＊

相談者（夫） 法定養育費というのが始まったんですね。

弁 護 士 はい。

相談者（夫） 合意もしていないのに、取り立てられちゃうというのでびっくりしました。

弁 護 士 よくご存知ですね。

相談者（夫） 金額はどれくらいになるのですか？

弁 護 士 政令で定められますが、子どもの最低限度の生活の維持に必要な金額が基準になります。

相談者（夫） 最低限度なのですか？

弁 護 士 合意がなくても発生するということで、その線引きになったんですね。

相談者（夫） 子どもに最低限度の生活をさせたいわけではないのですが……。

弁 護 士 それでは元妻さんと速やかに合意をして、適正な金額を決めるといいですね。

相談者（夫） あ、そうか。合意すればいいんですね。でも逆に、病気になったりして、法定養育費も支払えない経済状態になってしまったらどうなるんですか。

弁 護 士 そのような一定の場合には支払いを拒むことができますよ。

相談者（夫） よかった。

弁　護　士　お子さんのためにも、健康でいないといけませんね。

❶ 法定養育費の性質

　未成年の子どもをもつ父母が養育費の定めをすることなく離婚した場合に、法定養育費請求権という権利が自動的に発生することとされた（改正後民法766条の3）。

　ここでのポイントは、養育費の取決めがないという点だ。前記のとおり、取決め率と受給率には相関関係があるため（124頁）、取決め率を上げるための方策が検討、実施されてきた。しかし、義務者が取決めに応じない事案や、DV等の事情があり取決めに向けた協議ができないような事案もある。このような事案に対応するため、取決めがなくても暫定的な養育費を得られるようにしたのが法定養育費制度である。

❷ 法定養育費制度の内容

　法定養育費とは、**父母が養育費について定めをすることなく協議離婚をした場合には、**離婚時から引き続き子どもを主として監護してきた一方が、他の一方に対し、離婚の日から協議や審判で通常の養育費が決まる日、あるいは子どもが成年に達する日のいずれか早い日まで、**毎月末に、法定額の養育費の支払いを請求することができる**というものである。法定額は、子どもの最低限度の生活の維持に要する標準的な費用の額等を勘案して政省令で定められる（改正後民法766条の3第1項）。

　この規定は、婚姻の取消しの場合（改正後民法749条）、裁判離婚の場合（民法771条）及び認知後の場合（改正後民法788条）にそれ

それ準用されている。

❸ 終期について

　法定養育費は、離婚の日から、**父母の協議又は審判による定めがされない限り、子が成年に達する日まで請求することができる**ものとされた。正確には、次のいずれか早い日までである（改正後民法766条の3第1項。月の途中は日割り（同条2項））。

> ① 父母がその協議により養育費についての定めをした日
> ② 養育費の審判が確定した日
> ③ 子が成年に達した日

　これに対しては、たとえば離婚後5年間といったように、法令で一定の終期を定めるとする考え方もあった。しかし、その年限が終了すれば、通常の養育費が定められるまでの間、何も請求できないこととなる不都合がある。また、法定養育費とは、通常の養育費の合意がない場合のデフォルトルールとして捉えれば、理論的にも協議等による定めがない限り成年に達するまで発生するとしても問題はない。このような観点から、前記の終期とされた経緯である。

　ところで、親たるものの責務を定めた改正後民法817条の12では、成年に達するまでといった年齢での終期は定めず、目的を定めることにより解釈に任せるという仕組みが採られた。法定養育費においても、成年に達するまでという終期は定めずに解釈に任せるという考え方もあり得る。しかし、やはり協議もなく法律に基づいて発生するという法定養育費の性質からすると、終期は法律上明確に示されている必要がある。では、その線引きをどこにするかであるが、民法上ではもはや足場を失った20歳ではなく、やはり成年年齢まで

とするほかなかったのではないだろうか。

❹ 金額について

法定養育費の金額については、子どもの最低限度の生活の維持に要する標準的な費用の額等を勘案して政省令で定めるものとされた（改正後民法766条の3第1項）。

これに対し、最低限度ではなく、標準的な父母の生活実態を参考とした金額を定めるという制度設計もあり得た。もしその金額が債務者の支払能力を超えているのであれば、債務者は、債権者との間でしっかりと協議し、適正な金額の養育費を取り決めればよいのである。家族法制部会でも、このような方向性の意見があった。

しかし、法定養育費は、債務者の支払能力も意向もまったく考慮されない状況で、自動的に発生するという制度の下では、債務者に支払いを強制できる金額はやはり最低限必要な金額とすべきだという意見があり、これが採用された経緯である[35]。

実際に法務省令等でどのような定め方となるかを注視したい。

❺ 支払拒否

法定養育費が、債務者の資力や意向によらず自動的に発生するものであるため、その経済状態によっては債務者を過酷な状況に置いてしまうおそれもある。そこで、改正法では債務者への一定の配慮もなされている。

具体的には、**債務者が支払能力を欠くためにその支払いをすることができないこと又はその支払いをすることによってその生活が著しく窮迫することを証明したときは、その全部又は一部の支払いを**

---

[35] 部会資料30-2・19頁参照。

拒むことができる（改正後民法766条の３第１項ただし書）。

　また、法定養育費にも一般の先取特権が付与されるが、この実行として執行裁判所が差押命令を発令するに際し、必要があると認めるときは、債務者を審尋することができるとされた（改正後民執法193条３項）。通常の場合は、執行裁判所は債務者及び第三債務者を審尋しないで差押命令を発するとされていること（民執法145条２項）の特例である。

　前述の支払拒否も、債務者はこの審尋で主張することができる。もっとも、審尋を行うかどうかは執行裁判所の裁量によるため、債務者が支払拒否を主張できないまま差押命令が発令される場合もある。その場合、債務者は執行抗告の中で主張することになろう。

❻ 支払免除・猶予

　これまで述べてきたとおり、法定養育費は取決めがないまま離婚すると同時に自動的に発生する。したがって、離婚後一定の期間が経った時点で通常の養育費を定めたとしても、すでに法定養育費が発生していることとなる。債務者がこれを支払済みであればよいが、その全部又は一部に不払いがある場合もあり、法定養育費債務が溜まっていくこともあり得る。後に調停や審判で通常の養育費を定める場合に、この溜まった法定養育費債務をどう扱うかが問題となる。

　この点、調停で当事者が合意によりその取扱いを決めることができるのは当然であるが、改正法では、家庭裁判所が審判で養育費を定める場合には、債務者の支払能力を考慮して、当該債務の全部若しくは**一部の免除又は支払いの猶予その他相当な処分を命ずることができる**とした（改正後民法766条の３第３項）。

　ここでは、取決めがなくても自動的に最低限の養育費が発生すると

いう法定養育費制度について見てきた。次に見るのは、取決めがなされた養育費の履行確保のために養育費の執行手続の簡易化である。

> **One point check** **養育費に関する実務**
>
> 　離婚と同時に法定養育費が発生することとなり、しかも、これについても先取特権が付与されるため、養育費に関する実務は大きく変わることでしょう。
>
> 　養育費の取決めがないままに離婚しているケースについて、弁護士が相談を受けた場合を考えてみます。
>
> 　この場合の方針としては、養育費調停を申し立てることと併せて、すでに発生した法定養育費の不払分及び将来発生する法定養育費について、早速先取特権を実行することも選択肢に入ってきます。もちろん、調停での協議の継続中に債務者が任意に法定養育費又は通常の養育費の見込額を支払えばその必要はありません。
>
> 　仮に法定養育費について給与債権を差し押さえるとしますと、法定養育費は通常の養育費を定める時点まで継続しますので、その時点まで差押えも継続することになるでしょう。そこで、通常の養育費の合意が調えば、養育費の請求時点（多くは調停申立時点）から調停成立時までの、回収済み法定養育費と合意した養育費の差額精算を行うことになるでしょう。
>
> 　なお、別居中の婚姻費用についても先取特権が付与されています。しかし、婚姻費用については法定養育費のような制度がありませんので、協議又は裁判所の決定により具体的な金額が定められるまでは、請求権自体が発生せず、もちろん先取特権が発生することもありません。従来どおり、まずは金額を定めるところから始まります。

第5章 「養育費」の履行確保

4 養育費執行手続のワンストップ化

とある法律事務所にて

＊＊＊改正法施行後＊＊＊

相談者（夫） 元妻には取り決めた養育費を支払ってきましたが、半年ほど前から体調を崩して、ここ2～3か月は支払いをストップしています。今月末で会社を退職する予定です。元妻は給与を差し押さえると言っていますが、退職してしまえば差押えはできませんよね。

弁護士 体調を崩されて大変ですね。はい、退職すれば差押えはできません。

相談者（夫） 仮に再就職しても、元妻には分からないので、やっぱり差押えはできないですよね。

弁護士 再就職先は調べることが可能ですから、差押えはされると考えたほうがいいと思います。

相談者（夫） そうなんですか？ どうやって分かるんですか？

弁護士 債務者の居住する市区町村から、裁判所を通じて、勤務先情報を取得することができるんですよ。市区町村は市区町村民税の納付に際して勤務先情報を把握しているはずですから。

相談者（夫） なるほど。

弁護士 しかも、改正法が施行されたので、元妻さんは裁判所に財産開示手続の申立てをすれば、裁判所が給与の差押えまで自動的にやってくれるようになりました。

相談者（夫） そうなんですね。もはや逃げ隠れできないようになったのですね。

弁　護　士 お元気になられた後のことですから、頑張るしかないですね。お子様のためですから。問題は今の困難な状況ですね。

相談者（夫） そうです。

弁　護　士 元妻さんに事情を話して、しばらく待ってもらえるといいですね。取り決めた金額を減額する必要があるなら減額の交渉をしてもいいですね。

相談者（夫） ぜひそうしたいです。

1 ワンストップ化

　民事執行法が改正され、養育費等請求権の強制的な取立てのワンストップ化というべき仕組みが設けられた。

　養育費等請求権に基づいて債務者の給与を差し押さえたい。しかし、債務者の勤務先が分からない。このような場合に、一つの申立てにより、(a)財産開示手続、(b)勤務先情報の取得手続、(c)給与差押えの手続までを、ワンストップで行うことができる仕組みである。

　現行法においても、それぞれの制度はすでに存在する（後述のとおり、適用範囲は改正後と異なる）。

　(a)は、裁判所が、債務者を呼び出して、債務者の財産情報を開示させるという制度である。

　(b)は、裁判所が市区町村や日本年金機構等の第三者に対して、債務者の勤務先情報を提供するよう命ずることができる制度である。なお、(b)を申し立てるためには、過去3年以内に(a)の手続をしたことが要件となっている（財産開示手続前置）。

　(c)は、債務者の勤務先に、債務者への給与の支払いをしないよ

う差し押さえ（一定の差押禁止部分がある）、債権者が勤務先から直接支払いを受けられるようにする制度である。

　今回の改正で、これらが一つの申立てで自動的に流れていくこととなったのである。具体的には、以下のような流れとなる。

〈パターン１〉
　養育費等請求権の債権者で、債務名義の正本を有する者が、(a)財産開示手続の申立てをし（民執法197条１項）、債務者が勤務先情報を開示した場合には、(c)債務者の給与債権に対する差押命令の申立てをしたものとみなされる（改正後民執法167条の17第１項１号）。

〈パターン２〉
　養育費等請求権の債権者で、債務名義の正本を有する者が、(a)財産開示手続の申立てをしたが（民執法197条１項）、債務者が勤務先情報を開示しない場合には、(b)裁判所による勤務先情報の提供命令がなされ（改正後民執法167条の17第２項）、(c)その給与債権に対する差押命令の申立てをしたものとみなされる（改正後民執法167条の17第１項１号）。

〈パターン３〉
　過去３年以内に行われた(a)財産開示手続の後も、不払いが解消していない場合で、養育費等請求権の債権者で、債務名義の正本を有する者が、今般、(b)勤務先情報取得の申立て（改正後民執法206条１項）をするところから始めれば、裁判所による勤務先情報の提供命令がなされ（同項）、(c)その給与債権に対する差押命令の申立てをしたものとみなされる（改正後民執法167条の17第１項２号）。

この改正後民事執行法167条の17の規定は、養育費等請求権の一般先取特権を有することを証する文書を提出した債権者が、(a)財産開示手続の申立て（民執法197条2項）又は(b)勤務先情報取得の申立て（改正後民執法206条2項）をした場合にも準用されている（改正後民執法193条2項）。

2 改正のポイント

整理すると、ポイントは2つである。

現行法では上記(a)(b)(c)の手続を個別に申し立てなければならない。これが、**改正法により、(a)から始めれば(b)(c)へ、(b)から始めれば(c)へと自動的に流れていく**こととなる（改正後民執法167条の17）。

また、養育費等請求権につき一般先取特権を有する債権者は、現行法では(b)の申立てができないが、改正法ではこれができるようになる（改正後民執法206条2項）。そして、債務名義を有する債権者と同様に、(a)(b)(c)への自動的な流れに乗ることができる（改正後民執法193条2項）。

3 流れがストップする場合

この自動的な流れがストップする場合がある。

一つは、**債権者が反対の意思を表示したとき**である（改正後民執167条の17第1項本文ただし書）。債権者が申立人である以上、その意思で取りやめることができるのは当然である。

もう一つは、この手続を進めたが、**結局差し押さえるべき債権を特定することができないとき**である。たとえば、債務者が全く所在不明の場合などが考えられる。このような場合、執行裁判所は、債

権者に対し、相当の期間を定め、その期間内に差し押さえるべき債権を特定するために必要な事項の申出をすべきことを命ずることができ、債権者がその期間内に差し押さえるべき債権を特定するために必要な事項の申出をしないときは、差押命令の申立ては、取り下げたものとみなされる（改正後民執法167条の17第6項）。

　ここでは、取り決めた養育費の履行確保のための執行手続の簡易化について見てきた。次は、父母間の養育費の取決めが双方の収入や資産の状況を反映した適正なものとなるように設けられた情報開示命令の制度について見ていくこととしよう。

One point check　結局、当事者任せ？

　この仕組みは、債務者の勤務先が不明である場合に、給与の差押までの手続を簡略化してくれるものです。

　特に、勤務先情報の取得手続は、その申立前3年以内に財産開示手続が行われたが、債権の満足ができなかった場合に申立てができるとされており（財産開示手続前置）、相当な手間がかかります。そしてその先に、ようやく給与差押の申立てにたどり着けます。しかも、給与差押の申立ても必ずしも簡単ではありません。このような一連の手続を債権者本人が行うことは、ほとんど不可能と言っても過言ではありません。そこで弁護士に依頼するとすれば、弁護士費用もかかってしまいます。

　したがって、こうした問題を一定程度解決してくれるであろうワンストップ化は大変有効な制度といえます。

　もっとも、養育費の回収は当事者が主体的にしなければならないという構造自体はこれまでと変わりありません。ひとり親世帯の貧困問題対策を当事者任せにしているという批判もあるところです。「養育費不払い解消検討会議取りまとめ」が指摘したように、国や自治体による強制徴収制度（同第7）、立替制度（同第8）などの抜本的な改革が今後検討されるべきでしょう。

第5章 「養育費」の履行確保

5 収入・資産の情報開示命令

1 どのような制度か

養育費、婚姻費用、扶養の審判・調停（それらが問題となる離婚調停を含む。改正後家事法258条3項）において、**家庭裁判所は、必要があると認めるときは、当事者に対し、その収入や資産の状況に関する情報の開示を命ずることができる**とされた（改正後家事法152条の2第1項、184条の2第1項）。

そして、開示を命じられた当事者が正当な理由なくその情報を開示せず、又は虚偽の情報を開示したときは、家庭裁判所は、10万円以下の過料に処することができるとされた（改正後家事法152条の2第3項、184条の2第2項）。

人事訴訟における養育費の附帯処分に関しても、同様の規定が設けられている（改正後人訴法34条の3）。

2 家族法制部会での議論

上記の情報開示命令の制度は、手続法上の制度である。

実は、家族法制部会での議論では、実体法上の開示義務も定めてはどうかという議論もあった[36]。というのも、実体法上の義務とすれば、家庭裁判所が関与しない離婚、つまり離婚全体の大部分を占める協議離婚にも適用があり、それぞれの収入の把握を通じて、適正な養育費、婚姻費用の確保につながり得るからだ。しかし、協議

---

[36] 中間試案11頁。

が調わなければ裁判所に持ち込まれるため、手続法上の開示義務だけでも対応可能であること、対等な話合いができない関係にある当事者の間で、力の強い者からの圧力で一方的に収入を開示させられる可能性があること、などの指摘があり、実体法上の開示義務を定めることは見送られた[37]。

また、裁判所による開示命令に違反した場合の制裁のあり方については、家庭裁判所は正当な理由なく開示をしない場合には、手続の全趣旨に基づき、収入の額を認定することができるとすべきとする考え方もあった。ただ、弁論主義の妥当する民事訴訟とは異なり、家庭裁判所の手続においては、公益的後見的立場から実体的真実発見が要請されている。そのため、裁判所は職権をもって自主的に事実の確定をする必要があるといった観点もあり、制裁としての収入認定の規律は見送られた[38]。

ひとり親家庭の貧困が叫ばれて久しいが、本章で説明した新しい規律により、養育費等の取決め、履行確保が促進され、ひとり親家庭ひいては子どもの生活状況が少しでも向上することを期待したい。

次章では、養育費と車の両輪と言われることもある親子交流の新しい制度について見ていくこととしよう。

---

[37] 部会資料24・27頁参照。
[38] 部会資料24・31頁参照。

> **One point check** 情報開示命令制度による効果
>
> 　これまで、当事者が収入や資産に関する情報を開示しないために、事実認定が困難となったり、手続が空転するなどの問題が生じていました。
>
> 　この情報開示命令の制度ができることで、このような問題が一定程度解消されるでしょう。また、実体法上の開示義務は設けられませんでしたが、裁判所に持ち込めば開示命令がなされるとなれば、任意の協議においても必要な情報は開示するという風潮ができてくるのではないかと期待されるところです。

> **One point check** 子どもの視点から⑤
>
> 　「養育費」の取決め促進、履行確保が子どもの利益につながることは間違いありません。しかし、それだけでは不十分な面もあります。
>
> 　たとえば調停では「未成年者の病気、進学等特別の出費を要する場合には、その負担につき当事者双方で別途協議して定める」との条項を定めることがあります。ここでいう特別の出費はいわゆる養育費に含まれないと考えられています。
>
> 　しかし、特別とは言いながら、高校や大学への受験費用、進学費用などは、多くの子に関係のあるものです。にもかかわらず、その負担については特に決めることなく協議に任され、結局うやむやになってしまうことが多いのが実情です。
>
> 　この問題は養育費とは何かという問題にも関わり、容易に解決できる問題ではありませんが、子どもの利益に大きく関わる問題であり、今後議論される必要があると思います。

第6章

「親子交流」で何か変わるか？

第6章 「親子交流」で何か変わるか?

1 改正の背景

とある法律事務所にて

相談者(夫) 先生、親子交流の制度が改正されたんですか?

弁護士 はい、親子交流の試行的実施が定められたり、祖父母等の親族との交流の申立てが可能となったりしましたよ。

相談者(夫) それだけですか?

弁護士 といいますと?

相談者(夫) 私の場合、元妻が、別居した後長らく子どもと私を会わせてくれませんでした。離婚調停でようやく交流の合意ができたので、それを頼みの綱にして離婚を受け入れ、親権をあきらめました。それでようやく子どもと会えました。子どももとても喜んでくれていました。私はそれだけで幸せでした。なのに、元妻は数か月もするとまた会わせてくれなくなりました。私にはもう何も残っていません。せめて約束したことを妻には守ってもらいたいです。

弁護士 お気持ち、お察しいたします。現行法でも、間接強制という制度があって、それが可能な場合には一定の強制力があります。

相談者(夫) それより、直接強制というのでしょうか、元妻が邪魔しないように防いでおいて、裁判所の人に子どもを連れてきてもらう制度ができればよかったのですが。

弁　護　士	そういう意見もあって、家族法制部会でも議論されました。一定の賛成意見もありましたが、改正には至りませんでした。
相談者（夫）	それはどうしてですか。
弁　護　士	親子交流の場合１回限りではなく、何度も引渡しをしなければならず、やはり子どもさんの負担が大きいというのが理由でした。
相談者（夫）	子どもが嫌がっている場合にはそれも分かりますが、うちの場合は子どもは会えば楽しそうにしているので。
弁　護　士	ひとまず、現状で何ができるか考えてみましょうね。元妻さんがどんな理由で会わせていないのかも聞いてみたいです。そして採るべき手段を検討しましょう。
相談者（夫）	よろしくお願いします。

❶ 子どもにとっての親子交流

　別居親と子どもとの交流は、父母双方の努力と協力により、それが安全・安心な形で適切に実施される限りにおいては、基本的に子どもの健全な成長に有益なものと考えられている。交流により、子どもはどちらの親からも愛されているという安心感が得られ、父母の不和による別居に伴う喪失感やこれによる不安定な心理状態からの回復に役立ち、自己のアイデンティティの確立を図ることができるとされているからだ。父母の離婚、別居の場面における子の利益の確保という観点からは、養育費とともに車の両輪と言われている。

❷ 法律上の位置付け

　親子交流は、民法766条１項「子の監護について必要な事項」の

一つとして、父母が協議上の離婚をする際に協議で定めることができる。協議が調わない場合には家庭裁判所が定める（同条2項）。同条は婚姻の取消し（749条）、裁判離婚（771条）、認知（788条）の場合に準用され、また、実務上、別居の場合に類推適用されている[39]。

「定めることができる」とはどういうことか。親子交流は親の権利なのか、子どもの権利なのか、その法的性質は何なのか。かねてよりこうした問題提起がなされてきた。調停や審判で具体的な親子交流の条件が定められた場合に、それに応じた一定の権利義務関係が生じることに争いはない。ところが、そうした定めがない状態で、当事者がいかなる権利義務関係に立つのかについては、必ずしも定まった考え方がなかったのだ。そこで、家族法制部会では、その法的性質を明らかにし、民法に書き込もうという議論もあった。

しかし、親子交流は子どもの権利であり別居親の権利でもあるとする意見、子どもの権利とすべきという意見、子どもの権利とすることには慎重な意見などがあり、部会としての一定の方向性が共有されるには至らず、改正項目には含まれなかった。

なお、現在の家裁実務では、同居親及び別居親のいずれの側にも偏ることなく、先入観を持つことなく、ひたすら子の利益を最優先に考慮する立場で親子交流調停に臨むものとされている[40]。この実務の立場自体には大きな異論がなく（むしろこれに沿っていない個別ケースの運用に対する批判はある）、親子交流の法的性質を明示的に規定すべき具体的必要性が高くないことも、改正に至らなかった理由の一つと思われる[41]。

---

[39] 最決平成12年5月1日民集54巻5号1607頁。
[40] 細矢郁ほか「東家庭裁判所における面会交流調停事件の運営方針の確認及び新たな運用モデルについて」家庭の法と裁判26号129頁。
[41] 拙稿「親子交流等に関する新しい制度」家庭の法と裁判51号27頁参照。

❸ 親子交流の現状

　令和3年度全国ひとり親世帯等調査によれば、面会交流の取決め率は母子世帯で30.3%、父子世帯で31.4%と低調である。平成28年度の同調査と比較して、増えてはいるが微増にとどまっている。また、面会交流の実施状況については、「現在も面会交流を行っている」が母子世帯で30.2%、父子世帯で48.0%であった。こちらも平成28年度と比較して微増に留まる（［図表11］124頁参照）。

　また、離婚届用紙に設けられた親子交流及び養育費の取決めのチェック欄の集計によれば、親子交流の取決めをしている者の割合は60%程度にとどまっている[42]。

　こうした状況は、子どもの利益に反するために親子交流の取決めや履行が困難なケースが少なからずあることを示しているとも言える反面で、未だ社会において親子交流の価値が必ずしも十分に認識されていないことを示しているとも考えられる。

　このような背景のもと、家族法制部会において、親子交流の取決め促進、履行確保のための方策等が論点として取り上げられ、議論された。

---

[42] 法務省ウェブサイト「離婚届のチェック欄の集計結果」。

第6章 「親子交流」で何か変わるか？

2 「面会交流」から「親子交流」へ

とある法律事務所にて

相談者（妻）　「親子交流」って面会交流と違うんですか？

弁護士　同じですよ～。

相談者（妻）　法律で言葉が変わったのですか？

弁護士　そうなんですよ。民法などで変わりました。

相談者（妻）　どうして変わったのですか？

弁護士　家族法制部会でははっきりとした理由は示されていないんですよね。

相談者（妻）　そうなんですか？

弁護士　多分ですが、親子の間で「面会」するっていうのもおかしいと言われてきたのもあると思います。「面会」というと何か病院にお見舞いに行くみたいな感じがしますものね。

相談者（妻）　なるほど。ちなみに、私のケースに何か影響はありますか。

弁護士　この言葉の変更だけでは影響はありません。

　親子交流については、実務上、かつては「面接交渉」という呼称で取り扱われてきた時代もあった。それが次第に「面会交流」とも呼称されるようになり、2011年民法改正において、民法766条1項の「子の監護について必要な事項」の例示として「父又は母と子との面会及びその他の交流」が明文化されたことにより、「面会交流」

の用語が定着した感があった。

　他方で、親子間の交流を「面会」と表現することへの違和感を示す向きもあった。

　家族法制部会の議論においては、当初は「面会交流」という用語が用いられていたが、途中から「親子交流」の用語に概ね置き換えられることとなった。そして本改正では、民法766条1項中「子との面会及びその他の交流」が「子との交流」と規定されることとなった。

　この改正は、「面会交流」が意味していた内容を直ちに変更するものではないと解されるが、その実質において「交流」の言葉が想起させる双方向性が強調されていく可能性もあるだろう。

　なお、改正後の法文上、「親子交流」という用語はないものの、今後、調停・審判の事件名等では「親子交流」の用語が用いられるようになるのではないかと予想される。もっとも、「親子交流」では、新たに設けられた父母以外の親族と子との交流が含まれないこととなるため、「子との交流」あるいは「親子交流等」という用語も併せて用いられることも考えられる。

第6章 「親子交流」で何か変わるか？

3 子との交流の試行的実施

とある法律事務所にて

＊＊＊改正法施行後＊＊＊

相談者（妻） 親子交流調停で、調停委員の先生から、親子交流の試行的実施をしてはどうかと言われています。

弁護士 改正法が施行されて、早速利用されているようですね。

相談者（妻） それってどういうものなのですか？

弁護士 親子交流調停などで、今後の協議や審理のために、裁判所が当事者に対して、親子交流のテスト実施をしてみてはどうかと促す制度です。

相談者（妻） 私は、試行的実施とか言われる前から、調停の最初から会わせろ会わせろと言われていました。

弁護士 そうですか。会わせられない事情がおありなのですね。

相談者（妻） そうです。同居中から夫は子どもに厳し過ぎて、子どもは怖がっていたんです。別居して、子どももようやく父親と離れられたとホッとしているんですよ。それをまた会わせるなんて……。

弁護士 なるほど。お父さんはお子さんに暴力を振るったことはありますか。

相談者（妻） それはないんですが、いつも子どもを平気で傷つけることを言うんです。私にもですが。お前はバカだとか、何をやらせてもダメだとか。

弁護士 それはやめてほしいですね。もしお子さんに会いたい

	とおっしゃるなら、お父さんには変わってもらわなければなりませんね。
相談者（妻）	本当です。でも変わりっこないと思いますが。
弁　護　士	そうかもしれませんね……。お子さんとお父さんの長期的な関係を考えると変わってもらいたいところですが。
相談者（妻）	本当に。
弁　護　士	お子さんにはお父さんと会う気持ちがあるかどうかお聞きになりましたか。
相談者（妻）	一応聞きました。嫌だと言って、自分の部屋にこもってしまいました。
弁　護　士	なるほど。では、そのような事情も調停でお話しになられるといいと思いますよ。
相談者（妻）	試行的実施は断ることもできるんですか。
弁　護　士	実施しないことも可能です。実施しない理由を聞かれますが、その事情なども踏まえて今後の話し合いにつなげていくこととされています。
相談者（妻）	ありがとうございます。それで進めてみます。

❶ 親子交流の試行的実施とは

　現行法の実務において、試行的面会交流と呼ばれるものが行われている。親子交流が協議されている家庭裁判所の手続の中で、結論を決めるための参考に、テスト的に面会交流を実施してみるというものである。

　この実務を下敷きにして、新たな制度として設けられたものが親子交流の試行的実施の制度である。これは分かりやすく言えば、**裁判所が当事者に対し、親子交流を試しに実施してみましょうと促し、その結果を審判や調停に活かしていくという**制度である。試行的面

会交流と大きく異なるものではないが、制度化されるにあたり、どのような事件類型で、どのような要件で行われるのかなどが明確化された。以下では、その内容を確認していくことしよう。

❷ 対象となる事件類型

この親子交流の試行的実施がなされる事件は、①子の監護に関する処分の調停・審判（養育費の調停・審判を除く）と、②離婚調停である（改正後家事法152条の3第1項、258条3項）。

このうち①については、典型的には親子交流調停・審判が想定されるが、親子交流が問題となる子の監護者指定、監護の分掌の調停・審判も含まれる規定ぶりとなっている。②については、未成年の子どもがいる夫婦間の離婚調停で、親子交流が問題となる場合が対象となる。

また、人事訴訟法でも新たに34条の4として家事事件手続法152条の3と同様の規定が置かれており、附帯処分としての子の監護に関する処分も対象となる。

❸ 要　件

家庭裁判所が親子交流の試行的実施を促す要件は、**①子の心身の状態に照らして相当でないと認める事情がなく、かつ、②（家庭裁判所が）事実の調査のため必要があると認めるとき**である（改正後家事法152条の3第1項）。

まず、②に関しては、親子交流の試行的実施が家庭裁判所の事実の調査として行われ、審判や調停の資料とされるものであることを示している。

次に、①は、お試しではあっても、子どもの状態にかかわらず安

易に推し進めることがあってはならないことを示す要件である。たとえば、別居親から子どもへの虐待のおそれがある場合には、①の要件を満たさないものと考えられる。また、立案担当者の解説によれば、父母の一方から他方へのDVが問題とされる事案については、子どもへの直接的な暴力等のおそれはなくても、同居親の安全・安心が脅かされるような場合には、そのために子どもの心身に悪影響を及ぼすおそれがあるとして、子の心身の状態に照らして相当でないと認められたり（①の要件を満たさない）、適切な形で親子交流を実現し得る状況にないなどの理由から、事実の調査のため試行的実施を促す必要性がない（②の要件を満たさない）とされたりすることがあるとされる。高葛藤の事例でも、親子交流の試行的実施により子どもの父母の葛藤にさらされ、子の心身に悪影響を及ぼすおそれがあるような場合には、子の心身の状態に照らして相当でないと認められるとされる[43]。

なお、①の要件の具体的な規定ぶりをどうするかについては、家族法制部会で議論があった。当初は「親子交流の実施が当該子の心身に害悪を及ぼすおそれがない限り」という要件が提案されたことがあった。しかし、そのようにすると、かかる事情がなければ実施するという意味に取られかねず、これでは安易に推し進めているのと同じだ。そこで、これこれこのような場合は実施しないとする要件の立て方（消極要件）ではなく、むしろ積極的に子の利益になる場合に試行的実施をするという要件の立て方（積極要件）とすべきだという意見もあった。

このような意見を受けて、消極的要件としての位置付けは維持しつつも、消極事由を「害悪」から「相当でない」に替え、かつ、原則実施との誤解を与えないような表現上の修正が行われた結果、①の要件となった。

①の要件においては、子どもの意思も「子の心身の状態」を示す一要素となり得る。家庭裁判所は、親子交流の試行的実施の相当性

---

[43] 解説（2）114頁。

を判断するにあたっては、子どもの年齢及び発達の程度に応じて、その意思を考慮することが望ましい[44]。

❹ 家庭裁判所による条件付け

家庭裁判所は、**親子交流の円滑な試行的実施のため、交流の方法、交流をする日時・場所、家庭裁判所調査官等の関与（立会いを含む）の有無を定め、子の心身に有害な影響を及ぼす言動の禁止等の条件を付することができる**（改正後家事法152条の3第2項）。

家族法制部会では、子どもの安全・安心を期するため、家庭裁判所調査官の立会いを必須とすべきだという意見も出されたが、現状でも当事者のみで適切に試行的面会交流が実施されているケースもあることから、必須とはされなかった。

❺ 結果の報告

家庭裁判所は、事実の調査として試行的実施を促すものである。そのため、**当事者に対し、試行的実施の結果の報告を求める**ことができる（改正後家事法152条の3第3項）。

家庭裁判所調査官が立ち会う場合には、家庭裁判所は調査報告書による結果の把握が可能であるが、当事者に対しても、試行的実施の状況をどのように認識しているか、それを受けてどのような心情にあるかといった主観的事情の報告も求めることができるものと思われる。

ところで、家庭裁判所の促しは、同居親の承諾がなくてもなされうるものである。そのため、促しがあっても試行的実施がなされないという場合もあるだろう。そのような場合、家庭裁判所は、実施

---

[44] 部会資料30-2・24頁（注2）、解説（2）114～115頁。

しなかった理由の説明を求めることができるとされている。家族法制部会では、このような規定があると、同居親に圧力がかかってしまい、試行的実施が安易に推し進められてしまうのではないかという懸念も示された。家庭裁判所は、飽くまで今後の審理や協議に資する目的で、実施した結果や不実施の理由を広く把握するという姿勢で臨むべきものと思う。

> **One point check　子どもの視点から⑥**
>
> 　子どもの心身の状態に照らして相当でない事情があるときには、親子交流の試行的実施の促しはなされません。このことは、親子交流の試行的実施が子どもに過剰な負荷をかけるものであってはならないということを確認したものといえます。
>
> 　では、子どもが試行的実施を拒否しているという場合には、どのような取扱いになるのでしょうか。もちろん、それが別居親の同居中の不適切な言動によるトラウマを背景とする場合には、まさに「相当でない事情」があるといえます。他方、別居親自身に不適切な言動は認められないが、父母の葛藤が激しいために、子どもが板挟みになって、そこから距離を取ろうとしているような場合はどうでしょうか。子どもの年齢、発達の程度にもよりますが、その主体性を尊重して、相当でない事情があると見るべき場合もあるでしょう。そのような場合には、あまり早期に試行的実施をするのではなく、じっくりと父母間の協議をし、子どもの不安を取り除きながら実施のタイミングを図っていくということも必要でしょう。

　ここまで、試行的面会交流を下敷きにした親子交流の試行的実施について説明を行ってきた。次に、父母以外の親族と子どもとの交流に関する新しい仕組みについて説明しよう。

第6章 「親子交流」で何か変わるか？

4 父母以外の親族と子どもとの交流

とある法律事務所にて

＊＊＊改正法施行後＊＊＊

相談者（夫） 元妻と親子交流調停をしています。私が子どもと交流するときに、私の両親も立ち会わせたいのですが、元妻が応じてくれません。

弁　護　士 元妻さんとご両親は関係がよくなかったのですか。

相談者（夫） そうですね、元妻は、私の母から子育てについて口出しされるのが嫌だと常日頃言っていましたので。

弁　護　士 お子さんと祖父母さんとのこれまでの関係性はどうでしたか？

相談者（夫） 子どもは、かなりの頻度、私の両親宅に泊まりに来ていたんです。そうですね、おそらく2週間に1回は来ていました。元妻が息抜きをしたいということで。

弁　護　士 なるほど。そうすると、調停ではそうした事情もお話しになって、祖父母さんとの交流についてもしっかりと協議の対象にするといいですね。

相談者（夫） でも元妻がどうしても嫌だと言えばだめですか。

弁　護　士 改正法が施行されて、家庭裁判所は、祖父母等の親族との交流が子どもの利益のために特に必要であると認めるときは、それを命ずることができるようになりました。

相談者（夫） そうなんですね！

弁 護 士 ただ、お子さんにとって一番大事なのはやはりお父さんとの交流です。それをどれだけ充実したものとできるかをまずお考えくださいね。それがうまくいきはじめたことで祖父母さんとの交流につながっていったケースもありますよ。

相談者（夫） それは肝に銘じておきたいと思います。ただ、父がもう高齢であまり時間もないものですから……。

弁 護 士 なんとか話し合いでいい解決ができるといいですね。

❶ 議論の経過

　祖父母等の親族が、子どもとの交流を求める審判を申し立てることができるかについては長らく議論があった。しかし、最決令和3年3月29日集民265号113頁は、「父母以外の第三者は、事実上子を監護してきた者であっても、家庭裁判所に対し、子の監護に関する処分として上記第三者と子との面会交流について定める審判を申し立てることはできない」として、これを否定した。この判例の事案は以下のようなものであった。

　X（妻）とY（夫）は子どもAをもうけた。ところが、Xはがんを患い、Xの両親である祖父母PQと同居することとなった。他方、Yも自身の親と同居し、XYは別居状態になった。その間のAの養育は、Xの実家とYの実家とで一定期間ずつ交代で行っていた。AがPQ宅にいるときは、当然PQも養育を補助していた。このような状況でXが死亡したため、AはYが引き取ることとなった。そこで、PQがAとの交流を求めて、Yを相手に面会交流審判を申し立てた。これに対し、最高裁は、父母でないPQにはその申立権限がないとして、申立てを却下したのであった。

　この決定に対しては、同日になされた第三者の監護者指定の却下

決定(前掲最決令和3年3月29日。115頁参照)と併せて、事案の妥当な解決のために民法766条の類推適用や準用を肯定してきた家裁実務に逆行するという批判もあった[45]。

実際、祖父母PQは、がんを治療中のXを補助してAの監護を継続してきたのであって、特段の事情がない限り、引き続きPQとの関係を維持していくことが、Aの利益にかなうはずだ。

そこで、PQのような立場にある子ども親族を門前払いするのではなく、法律上の手当てをして、親子交流審判の申立権限を認めようという議論が起こってきた。そして、今般の改正で、それが一定の要件で認められたのである。

❷ 父母以外の親族との交流

家庭裁判所は、子の監護に関する処分の審判において、**子の利益のため特に必要があると認めるときは、子の監護について必要な事項として、父母以外の親族と子との交流を実施する旨を定めることができる**とされた(改正後民法766条の2第1項)。

この定めを求める審判の請求ができる者は、父母と父母以外の子の親族であるが、父母以外の親族については後述のとおり要件が加重されている(同条2項柱書括弧、同項2号)。

なお、現行法の実務でも、父母以外の親族と子どもとの交流については、別居親と子どもとの交流の場に別居親方の祖父母を立ち会わせることができるか等の形でしばしば協議の対象となる。しかし、立案担当者の解説によれば、このような父母と子との交流に父母以外の親族を関与させる旨を定めることは、本条にいう「父母以外の親族と子との交流を実施する旨を定める」場合には当たらないとさ

---

[45] 棚村政行「祖父母等第三者に対する監護者指定・面会交流」判例秘書ジャーナル(HJ100112) 8頁。

れている[46]。

　以下、本条の内容について、詳しく見ていくこととしよう。

❸ 子の利益のための特別の必要性

　前記の最高裁決定の事例のように、父母以外の親族であっても、安全・安心な形で適切に交流ができるのであれば、その継続は子どもの利益の観点から重要な場合もある。そこで今回の改正では、家庭裁判所は父母以外の親族と子どもとの交流を実施する旨を定めることができるとされた（改正後民法766条の2第1項）。

　他方で、それが父母の一方又は双方の意思に反する場合もあることから、**「子の利益のため特に必要があると認めるとき」という重い要件**が設定された。たとえば、子どもと当該第三者との間に親子関係に準じた親密な関係が形成されているなどの場合がこれに当たるとされている[47]。

❹ 申立権者の範囲

　子どもと父母以外の親族との交流についての定めの審判を申し立てることができる者は、第1に父母である（改正後民法766条の2第2項1号）。たとえば、別居親が別居親方の親族と子どもとの交流について、同居親に対して審判を申し立てることになる。

　第2に父母以外の親族も当該申立てをすることができるとされた（同条2項2号）。ただ、父母が協議により、あるいはこれに代わる審判で親族と子どもとの交流についての定めができるのであれば、父母以外の親族による申立てを認める必要はない。また、父母以外

---

[46] 解説（2）117頁。
[47] 部会資料35-2・20頁参照、解説（2）117頁。

の親族の申立てを認めるについては、濫用的な申立て、相手方となる父又は母の応訴の負担への配慮も必要である。そこで、父母以外の親族による申立てが可能な場合はかなり限定的なものとされた。

具体的には、父母の一方の死亡や行方不明等の事情によって父母間の協議や父母による申立てが期待し難い場合に限定する趣旨で、<u>「その者と子との交流についての定めをするため他に適当な方法がないとき」に限る</u>こととされた（同条１項柱書括弧）。

ちなみに、前記の最高裁決定のケースでは、妻Ｘが死亡しており、ＸＹ間での解決が不可能なため、改正法では祖父母ＰＱの申立てが認められる事案であろう。

さらに、父母以外の親族であれば誰でも申立てができるようになったかというとそうではない。父母以外の親族と子どもとの交流を実施する目的は、すでに形成されていたその親族との間の愛着関係を維持する点にあるといえる。そのため、そのような関係性が築かれる素地があるといえる者に限って申立てを認めることとされた。具体的には、<u>①直系尊属、②兄弟姉妹、③過去に当該子どもを監護していたその他の親族に限定された（同条２項２号）。</u>

なお、父母以外の親族と子どもとの交流に関する処分の審判及びその申立てを却下する審判に対する即時抗告は、父母及び監護者に加え（家事法156条１項４号）、①から③の者もすることができる（改正後家事法156条２項）。

父母以外の親族と子どもとの交流についての説明をこのあたりにして、その他の改正事項及び改正に至らなかった事項について見てみよう。

One point check 子どもの視点から⑦

　子どもにとって、祖父母との交流（本条に基づくものに限られない）が重要なものであり、その維持が子どもの利益にかなうケースは多くあると思います。

　しかし、時に、祖父母との交流をめぐって子どもにとって望ましくない状況が生じる場合もあります。その具体例をイメージしてみましょう。なお、ここで母、父、祖母、祖父というのは子どもから見た呼称です。

（ア）父方祖父母宅で暮らしている別居父は、親子交流の際に、子どもを連れ帰ってきては、もっぱら祖母に子どもの世話を任せて、自分はスマホを眺めている。

（イ）子どもは以前から父方祖父母に懐いていた。しかし、同居母は、かつて父方祖母から子育ての注意を受けたことから、祖母を苦手に感じている。子どもを祖父母と交流させればまた注意をされるのではないかと不安で、正直気が進まない。子どももそれを肌で感じており、祖父母には会いたくないと言うに至っている。

　いずれのケースにおいても、子どもにとって大切なものが損なわれようとしているように思います。父とのつながり、祖父母とのつながり等々です。

　こうした望ましくない状況を引き起こさないように、子どもの視点に立って、別居親との交流、親族との交流を考えていきたいですね。

第6章 「親子交流」で何か変わるか？

5 別居中の交流

　父母が離婚した場合だけでなく、父母が別居している場合でも、適切な親子交流が継続されることが子どもの利益にかなう場合もある。しかし、民法766条はあくまで父母が離婚するときの親子交流について定めており、婚姻中で別居の場合の交流については直接的には定めていない。そこで、従来は民法766条の類推適用によって対処されてきた（前掲最決平成12年5月1日）。

　今般の改正では、この別居の場合の子どもとの交流について、明文で定めることとされ、改正後民法817条の13が置かれた。

　また、先に見た離婚の際の子どもと父母以外の親族との交流について改正後民法766条の2が新設されたことに伴い、改正後817条の13も父母以外の親族との交流の規律を含むものとなっている。

第 6 章　「親子交流」で何か変わるか？

6　直接強制の仕組みは見送られた

1　直接強制についての議論

　父母間で親子交流を実施するという取決めがなされた場合、同居親にはその取決めに従って親子交流を実施する法的義務が生じる。そして、この義務が履行されない場合には、一定の場合に間接強制という方法で履行を強制することができる。すなわち、調停や審判で取決めがなされ、①交流の日時又は頻度、②各回の交流時間の長さ、③子どもの引渡しの方法の 3 つの要素により同居親の義務の内容が特定しているといえる場合には、間接強制が可能である[48]。

　しかし、現行法の実務では、執行官が同居親から子どもの引渡しを受けて別居親に引き渡すことで親子交流を実現するというような直接強制の方法は認められていない。そのため、かねてよりその導入を強く望む声があった。

　そこで、家族法制部会でも、取決めの実効性確保のために直接強制の導入の是非が議論された。この点、取決めの実効性を高める必要性は共有されていたように思われる。そして、親子交流支援団体による支援の充実などが重要であることも共通認識であった。しかし、親子交流の直接強制については、子どもの引渡しの執行とは異なり 1 回で完結しない特徴があり、子どもへの負担が大きいことが指摘され、この論点は中間試案以降は提示されることなく見送られた。

---

[48]　最決平成25年 3 月28日民集67巻 3 号864頁。

❷ 親子交流支援団体の認証制度の議論

　父母間の葛藤が高く、当事者では親子交流の実施に向けた調整ができない場合や、別居親の子どもへの関わりに課題があるような場合などにおいて、安全・安心な親子交流を実現するため、親子交流支援団体による支援がますます重要になってきている。

　しかし、現行法上、支援団体の制度上の位置付けがなく、また財政的な補助もないため、地域による偏在などの問題が指摘されている。そこで、何らかの認証制度を導入し、認証された機関に対して財政面、運営面等で公的な支援を行うとともに、裁判所の手続でも当該機関を利用できるようにすることが検討された。

　部会ではこれに賛同する意見も複数あったが、改正には至らなかった。もっとも、法務省は、同省のサイト上に「親子交流支援団体等（面会交流支援団体等）の一覧表について」というページを設け、親子交流支援団体等に関する参考指針を公表し、利用者の便宜のため、親子交流支援団体等の掲載希望に基づき、その一覧表を公表している。

　以上、本章では、親子交流に関する新しい制度について説明をした。次章では、その他の改正項目として、未成年養子縁組に関する改正、財産分与に関する改正その他の事項について見ることとする。

though
第7章

未成年養子、財産分与等の改正

第7章　未成年養子、財産分与等の改正

1 未成年養子縁組についての改正

　未成年養子縁組に関する改正について、重要な点はすでに関連箇所で述べたので、ここでは簡潔に整理しておきたい。

❶ 養子縁組がなされた場合の親権者の明確化

　未成年養子縁組がなされた場合に誰が親権者となるかについて、従来の一般的解釈が明文化された。

　すなわち、親権者となるのは、**①養親（縁組が2つ以上あるときは、直近の縁組により養親となった者に限る）、②子どもの父母であって、上記①に掲げる養親の配偶者であるもの**である（改正後民法818条3項）。

　なお、①のうち、養親が親権者となることは現行法でも定められているので（現行民法818条2項）、解釈が明文化されたというのは①の括弧内のことである。

　これらの規律のうち②については分かりにくいと思われるので、事例を用いて説明しよう。

> 〈ケース1〉
> 未成年の子Aのいる夫婦甲乙がいる。甲と乙は、代諾によりAとその祖父Gとの養子縁組をした。

　この場合、①の規律により祖父Gのみが親権者となる。

〈ケース2〉
未成年の子Aのいる夫婦甲乙がいる。甲と乙が離婚し、乙が単独親権者となった。その後、乙はSと再婚し、代諾によりAとSとの養子縁組をした。

この場合、①の規律によればSのみが親権者となるはずだ。しかし、Aの実親であり、かつSとともにAを養育している乙が親権者でなくなるのは妥当ではない。そこで、従来から、養親の配偶者である乙も親権者であると解されてきた。この解釈が②として明文化されたのである。

2 代諾縁組及び離縁に関する改正

　父母の共同親権下において、15歳未満の子どもの養子縁組の代諾は、共同行使の対象となる。したがって、親権者間の協議が調わないときは、親権行使者指定の審判（改正後民法824条の2第3項）の対象となり得る。
　もっとも、縁組が認められれば一方の親権者は親権者でなくなるため、通常の事項とは重みが異なる。そうしたこともあって、**家庭裁判所は、縁組が子どもの利益のため特に必要であると認められる場合に限って、代諾権の親権行使者を指定できる**こととされた（改正後民法797条4項）。
　また、現行法においては、親権者が未成年養子縁組の代諾をするとき、親権者以外に監護者がいる場合や親権を停止されている親がいる場合には、それらの者の同意が必要である（民法797条2項）。しかし、縁組が子どもの利益のために特に必要であるにもかかわらず、監護者や親権を停止されている親が縁組に同意しない場合には、家庭裁判所はそれらの者の**同意に代わる審判**をすることができるこ

ととされた（改正後民法797条3項）。

❸ 離縁は誰がするか

15歳未満の子どもについて、協議による離縁をすることができるのは、養親と、離縁後にその子どもの法定代理人となる者である（民法811条2項）。

174頁の〈ケース1〉ではGと甲乙、〈ケース2〉ではSと乙である。

では、次のようなケースではどうか。

〈ケース3〉
未成年の子Aのいる夫婦甲乙がいる。甲と乙は、代諾によりAとその祖父Gとの養子縁組をした。しかし、その後甲と乙は離婚した。

この場合、離縁の協議をすることができるのは、Gと、甲乙側では誰か。

甲乙の離婚時にはすでに縁組をしていたため、親権者を決めるというプロセスがなかった。そのため、離縁後に親権者となる者をこの時点で決める必要がある。当事者の協議又は裁判所の決定でこれを決めることとされている。

その場合、現行法では甲乙のいずれか一方を離縁後の親権者と決めなければならないが、離婚後共同親権の導入により、双方を親権者としてもよいこととなった（改正後民法811条3項、4項）。

COLUMN
改正されなかったこと

　未成年養子縁組については、家庭裁判所の許可が必要とされています。ただし、自己又は配偶者の直系卑属を養子とする場合には家庭裁判所の許可は不要です（民法798条）。つまり、孫養子や連れ子養子は、家庭裁判所の許可なく縁組ができます。

　しかし、孫養子については、相続対策や家名存続のためだけになされたり、連れ子養子については、親の再婚・離婚の度に縁組・離縁が繰り返されたりするなど、子どもの利益を第一に考えてなされるべき縁組が必ずしもそうとはいえないケースもあります。

　そこで、未成年養子縁組は全件家庭裁判所の許可を必要とするように改正すべきだという意見もあります。家族法制部会でも、その点について議論がなされましたが、改正には至りませんでした。今後の課題でしょう。

第7章　未成年養子、財産分与等の改正

2 財産分与についての改正

とある法律事務所にて

相談者（妻）　離婚調停で夫と財産分与のことで争っていて、なかなか前に進みません。
弁　護　士　どんな点が問題になっていますか？
相談者（妻）　2分の1で分けるのは嫌なんです。
弁　護　士　どうしてですか？
相談者（妻）　夫はギャンブルで貯金ゼロ。あるのは私が長年コツコツ貯めてきた預金だけなんです。
弁　護　士　なるほど。
相談者（妻）　でも財産分与は2分の1だからって言われています。
弁　護　士　それは一応の基準で、絶対のものではないですよ。
相談者（妻）　そうなんですね！
弁　護　士　調停委員の先生に詳しい事情をお話しになるといいですね。
相談者（妻）　はい。それと、離婚後も扶養を求めることができると聞きましたが……。
弁　護　士　財産分与の扶養的要素として、一定期間の生活費分の支払いを受けることができる場合もありますよ。
相談者（妻）　夫のギャンブルのせいで、精神的に参ってしまって、とても働ける状態ではないので、請求してみようと思います。
弁　護　士　頑張ってやってみてください。

相談者（妻） ありがとうございます。少し光が見えた気がします。

❶ 原則2分の1ルール

　財産分与の実務においては、夫又は妻のいずれの名義であるかを問わず、それぞれが婚姻から別居までの間に稼いだ財産を一旦テーブルの上に出し合い、負債があれば差し引きし、残った財産を2分の1ずつ山分けするということが行われている。

　仮に、一方が稼働して収入を得、他方は家事育児に専従するという役割分担をしていた夫婦の場合でも、基本的には同じ取扱いである。一方の稼得には他方の内助の功があり、財産形成に対する寄与は等しいと考えられるからだ。これを一般に「2分の1ルール」と呼ぶ。

　改正後民法768条3項は、「婚姻中の財産の取得又は維持についての各当事者の寄与の程度は、その程度が異なることが明らかでないときは、相等しいものとする」と定め、この「2分の1ルール」を明文で定めた。

　ただし、この条文を正確に読むと、絶対に2分の1でなければならないと定めているわけではない。寄与の**「程度が異なることが明らかでないときは」2分の1**とするとしており、寄与の程度が異なるときはその割合で分与することを否定していない。したがって、言うならば「原則2分の1ルール」と呼ぶべき基準である。

　これによれば、本項の冒頭の対話のようなケースでは、妻の寄与を2分の1よりも多く認めるという結論も十分にあり得るであろう。

❷ 考慮要素

　また、今回の改正では、**財産分与を行う際に考慮すべき事情が規**

定された（改正後民法768条3項）。これまでの裁判実務でも考慮されてきた事情といえるが、明文で定められたことにより、改めて注目される事情もある。それが財産分与の扶養的要素に関わる事情だ。

　財産分与には3つの要素があると整理される。前述の「2分の1ルール」によって財産の山分けを行う清算的要素、離婚後の扶養のための扶養的要素、それに慰謝料的要素である。裁判所の運用では、まず清算的要素を検討し、それでは不十分な場合に扶養的要素が検討される[49]。そのため、実務では扶養的な財産分与が行われることはあまりない（なお、慰謝料的要素が考慮されることも少ないが、これは財産分与とは別に請求されることが多いという理由である）。

　しかし、性的役割分業の考え方により、妻が婚姻時に退職し、長年にわたり家事育児を専ら担ってきたという夫婦は多い。そのような夫婦が離婚したとして、妻が直ちに稼働できるとも限らない。稼働できたとしても、もはや夫と同等の収入を得ることは困難であろう。他方で、夫は自らの努力によってだけでなく、こうした妻の置かれた状況の上に稼得能力を高めてきたとも言える。とすれば、夫は、離婚後といえども、妻の稼得能力を補償する趣旨で一定程度扶養をすることが衡平にかなうというべきだ。これが財産分与の扶養的要素であり、本来であれば、もっと積極的に考慮されてしかるべきである。

　今回の改正では、財産分与の目的を「離婚後の当事者間の財産上の衡平を図るため」とした上で、財産分与を判断する際の考慮事情を以下のとおり明示した（改正後民法768条3項）。

① 当事者双方がその婚姻中に取得し、又は維持した財産の額
② その取得又は維持についての各当事者の寄与の程度

---

[49] 松谷佳樹「財産分与の基本的な考え方」ケース研究294号131頁。

③　婚姻の期間
④　婚姻中の生活水準
⑤　婚姻中の協力及び扶助の状況
⑥　各当事者の年齢、心身の状況、職業及び収入
⑦　その他一切の事情

　このうち④、⑤、⑥などは**扶養的要素に関係しうる事情**である[50]。これらが明示されたことにより、今後、財産分与の扶養的要素が再び注目され、より積極的に考慮されるようになることを期待したい。

❸ 期間制限を5年に伸長

　財産分与の協議が調わないとき、家庭裁判所に審判の請求ができるが、その期間は2年に制限されている。今回の改正でこれが**5年に伸ばされた**（改正後民法768条2項）。

　離婚前後の様々な事情によって2年以内に財産分与を家庭裁判所に申立てをすることができなかった場合に、財産分与が請求できないことから、結果的に経済的に困窮するに至っている者がいるとの指摘もあり、上記のとおり伸長された。

❹ 情報開示命令の制度

　養育費等が問題となる審判・調停において、家庭裁判所が当事者に対し、収入や資産の状況に関する情報の開示を命ずることができるようになったことはすでに述べた（147頁）。これと同様の仕組みが財産分与の審判・調停においても導入された。

　すなわち、財産分与の審判・調停（それらが問題となる離婚調停

---

[50] 部会資料14・19頁。

を含む。改正後家事法258条3項）において、家庭裁判所は、必要があると認めるときは、当事者に対し、その財産の状況に関する情報の開示を命ずることができるとされた（改正後家事法152条の2第2項）。

そして、開示を命じられた当事者が正当な理由なくその情報を開示せず、又は虚偽の情報を開示したときは、家庭裁判所は、10万円以下の過料に処することができるとされた（改正後家事法152条の2第3項）。

人事訴訟における財産分与の附帯処分に関しても、同様の規定が設けられている（改正後人訴法34条の3）。

COLUMN
法務省の執念？

　財産分与に関する考慮事情及び「２分の１ルール」の明記という改正は、実は法制審議会が1996年に取りまとめた「民法の一部を改正する法律案要綱」（以下「1996年要綱」という）においてすでに提案されていました。通常ならその時点で法案化されるところでしたが、要綱案の中に選択的夫婦別氏制度の導入が含まれており、与党内で大きな反発があったため、要綱案全体について法案化が見送られた経緯があったようです。法制審議会が取りまとめた改正要綱が法案化されなかったことは異例のことといえます。

　しかし、こうした異例の事態を法務省として放置することもできなかったのでしょうか、その後のいくつかの民法改正に関連付けて、1996年要綱に示された事項の改正を実現させています。

　たとえば、民法766条に子の利益を最も優先して考慮すると規定する改正（2011年改正、2012年施行）、婚姻開始年齢を男女問わず18歳にする改正（2018年改正、2022年施行）などがあります。

　また、1996年要綱で改正の提案がなされていたのにそれが実現しなかったため、最高裁で違憲判決を受け、それをきっかけに改正が実現した事項もあります。女性の再婚禁止期間を６か月から100日に短縮する改正（2015年違憲判決、2016年改正。ただし、2022年改正で嫡出推定の見直しに伴い再婚禁止期間自体が廃止されている）、非嫡出子相続分差別規定の廃止（2013年違憲判決、同年改正）です。

　今回の改正事項のうち、財産分与の考慮事情及び「２分の１ルール」の明記、後述の夫婦間の契約取消権を定めた規定の削除、離婚原因中の強度の精神病に関する規定の削除も、1996年要綱で改正の提案がなされていたものです。実に28年越しの改正の実現でした。

3 その他の改正

① 夫婦間の契約の取消権の規定削除

　民法754条は「夫婦間でした契約は、婚姻中、いつでも、夫婦の一方からこれを取り消すことができる。ただし、第三者の権利を害することはできない」と規定している。

　しかし、この規定には、当事者の真意を問題とせずに一律に夫婦間の契約の取消しを認めることは適当ではないとの指摘などがあった。また、取消しがなされようとするのは婚姻関係が破綻しているような場合であるが、最判昭和42年2月2日民集21巻1号88頁が、本条は婚姻関係の破綻後は適用されないとしたため、実質的に本条の適用場面がなくなっていた[51]。

　そのため、本条の削除はすでに1996年要綱案で提案されていた。その改正が今回実現した。

② 強度の精神病に関する離婚原因の削除

　現行の民法770条1項4号は「配偶者が強度の精神病にかかり、回復の見込みがないとき」を離婚原因の1つとしている。

　しかし、国連の障害者の権利委員に関する委員会による「日本の第1回政府報告に関する総括所見」（2022年10月）では、これは障害者に対する差別的な規定であるとして削除が勧告された[52]。

---

51 中間試案の補足説明96頁以下。
52 パラグラフ50。

また、判例上、同条同号による離婚請求が認められる範囲は制限されており（最判昭和33年7月25日民集12巻12号1823頁）、配偶者の精神病の事情は同項5号の「婚姻を継続し難い重大な事由」の一事情として考慮されているのが実情である。

　このような諸点を踏まえ、すでに1996年要綱案で提案されていた民法770条1項4号の削除が今回の改正で実現した[53]。

---

[53] 部会資料23。

第  章

子どものための支援
～子どもの手続代理人制度を中心に～

第8章　子どものための支援～子どもの手続代理人制度を中心に～

1 各種支援の充実

　家族法制部会において、最終の要綱案（「家族法制の見直しに関する要綱案」（令和6年1月30日））を取りまとめるにあたり、附帯決議が行われた。その中に次のような項目がある。

> 2　子の養育は、子の意見・意向等が適切な形で尊重されることも含めて子の利益の確保の観点から行われるものである。その上で、子の養育は、父母のみがその責務を負うものではなく、**その子の養育をする父母及び子に対する社会的なサポートが必要かつ重要**であり、また、ドメスティック・バイオレンス（DV）及び児童虐待を防ぎ、子の安全及び安心を確保するとともに、父母の別居や離婚に伴って子が不利益を受けることがないようにするためにも、**法的支援を含め、行政や福祉等の各分野における各種支援についての充実した取組が行われる必要がある。**

※太字は筆者による

　家族法制部会では、民事実体法及び関連法の改正に関する審議がその役割であるとされ、こども家庭庁などの管轄となる離婚家庭の父母や子どもへの支援のあり方などについては審議の対象とされなかった。

　しかし、離婚家庭への各種支援が必要であることは家族法制部会の共通認識であった。親の離婚・別居をめぐる子どもの心理的負担は、それら自体によってだけでなく、それに伴う父母の葛藤に大きく起因すると言われている。そのため、父母の関係性をできるだけ

協力的なものにするためのカウンセリングなどの心理的な支援、弁護士等へのアクセス確保を含む法的な支援、経済面での支援などの各種支援が不可欠である[54]。また、次に見るように、子ども本人への支援も重要である。

そこで、各種支援の必要性について附帯決議という形で家族法制部会の意思が示されたのであった。

---

54 佐野みゆき「家族法改正の施行に向けた課題」ジュリスト1603号（2024年）79頁。

第8章　子どものための支援〜子どもの手続代理人制度を中心に〜

2　子どもへの支援

　父母の離別により子どもは多大な影響を受ける。その前段階としての家庭内の緊迫した状況、一方の親との別離、転校、生活環境の変化など、人生の一大局面を迎えることとなる。その意味では、親の離別は子ども自身のライフイベントでもあるといえ、れっきとした当事者である。とすれば、本来は、親を通してではなく子ども自身が支援を受けられなければならないはずだ。しかし、現在、そのような支援は乏しい。

　法務省の委託調査研究として、公益社団法人商事法務研究会により、未成年時に父母の別居・離婚を経験した20代、30代の男女を対象にしたWEBモニターアンケート調査が行われた[55]。これによると、**「Q14_1　あなたは、父母が別居をするときに、父母に自分の考え・気持ち（本心）を伝えましたか」**の問いに、「特に伝えたいことはなかった」が33.5％と一番高い割合だった一方で、**「伝えたいことはあったが、伝えられなかった」が21.5％**と2番目に高い割合であった。

　「Q16_1　父母が離婚・別居をするときに、あなたは、誰かに相談することはできましたか（相談相手はいましたか）」の問いにも、「相談したいことはなかった」が43.7％であった一方で、「人に言いたくなかった」が18.6％、**「相談したかったが、適切な人がいなかった」が18.6％**であった。

　これらの数値からは、少なくない割合の子どもが、親の離別を前

---

[55] 公益社団法人商事法務研究会「未成年期に父母の離婚を経験した子の養育に関する実態についての調査・分析業務報告書」（令和3年1月）。

に自分の気持ちや悩みを親に伝えたり、適切な第三者に相談したりすることができていない実態が読み取れる。

こうした実態を受け、家族法制部会の附帯決議の前記条項（188頁）では、「子の養育は、子の意見・意向等が適切な形で尊重されることも含めて子の利益の確保の観点から行われる」とした上で、「父母及び子に対する社会的なサポートが必要かつ重要」として、子どもへの直接のサポートの必要性に触れている。

このことにさらに明確に言及したのが、衆参両院の各法務委員会でなされた附帯決議のうちの次の一条である（衆参で同文）。

> 5　子の利益の確保の観点から、本法による改正後の家族法制による子の養育に関する事項の決定の場面において**子自身の意見が適切に反映されるよう、専門家による聞き取り等の必要な体制の整備、弁護士による子の手続代理人を積極的に活用するための環境整備**のほか、**子が自ら相談したりサポートが受けられる相談支援の在り方**について、関係府省庁を構成員とする検討会において検討を行うこと。

※太字は筆者による

2024年7月、こうした事項を含め、改正に向けた準備について検討する場として、法務省の主催で「父母の離婚後の子の養育に関する民法等改正法の施行準備のための関係府省庁等連絡会議」が早速設置されている。どのような支援が展開されるのか注視したい。

第8章 子どものための支援〜子どもの手続代理人制度を中心に〜

3 子どもの手続代理人制度

とある法律事務所にて

＊＊＊改正法施行後＊＊＊

相談者（妻） 離婚して共同親権を選択していますが、子どもの高校進学について、元夫と何度話し合ってもどうにも意見が合いません。どうすればよいでしょうか。

弁護士 子どもさんは何と言っていますか。

相談者（妻） 子どもは私と同じ考えです。

弁護士 それでお父さんも納得してくれればいいですのにね。

相談者（妻） そうですよね。でもダメなんです。

弁護士 どうしてもダメな場合は、家庭裁判所に、お子さんの進学に関する親権を行使する親権行使者を指定してもらうことができます。

相談者（妻） もうそれしかないと思います。先生にご依頼したいと思います。

弁護士 私がお母さんの代理人になることももちろんできますが、お子さんからお話を聞かせてもらって、お子さんの代理人になってもいいですね。申立てはお母さんご自身でしていただいて、お子さんが私を代理人にして参加するんです。

相談者（妻） そんなことできるのですか？

弁護士 はい、子どもの手続代理人という制度があります。お子さん自身のことですから、お子さんが手続に参加し

　　　　　　て、考えを裁判所に伝えるお手伝いをします。
相談者（妻）　そうなんですね。そうしていただけると元夫もまともに取り合ってくれると思います。よろしくお願いします。

１　子どもの手続代理人

　衆参各法務委員会の前記附帯決議の条項（191頁）で「子の手続代理人」（日弁連では「子どもの手続代理人」と呼んでおり、以下そのように呼ぶ）について言及されていた。この制度は、子ども本人に対する法的支援として重要である。

　子どもの手続代理人は、親の離婚や別居に関する紛争などに、子ども自らが参加する場合に、その代理人として活動する。子どもの権利主体性確保のために不可欠な制度として、2011年家事事件手続法の制定により設けられた制度だ（2013年施行）。その重要性に鑑みるならば、これについて述べることは、今般の法改正を子どもの視点を置き去りにせず解説しようとする本書を締めくくるにふさわしいものといえよう。

　では、子どもの手続代理人は、具体的にどのような活動をするのであろうか。まずはその点から見ていこう。

２　事　例

　子どもの手続代理人のイメージを持ってもらうために、まずは具体的事例を紹介したい。これは、同僚弁護士から関係者の了解を得て紹介いただいたケースで、一定の修正を加えたものである。

〈離婚調停の事例〉

　子どもAは16歳です。実母と養父が子どもを養育していましたが、実母が養父に対し、離婚調停を申し立てました。

　Aは、現実を受け入れなければならないとは考えていたのですが、養父に愛着があり、実母と養父の離婚を本心では望んでいませんでしたし、離縁も望んでいませんでした。また、それに先立つ実母の実父との離婚、養父との再婚、別居という過程に振り回されてきたという思いがあり、また、調停の手続を正確に知りたいのに知らされていないという不満も抱えていました。そうした状況でAから相談を受けた弁護士が、Aの手続代理人に就任しました。

　Aは、代理人と相談して、調停に自分で行って、自分の経験したことを話したい、離縁を望まないことについても意見を述べたいと希望しました。

　代理人は裁判所にそうした機会を求めたところ、裁判所は、一期日を丸々取って、しかも裁判官自身もその意見を直接聞いてくれることとなりました。

　そこで、代理人は当日に向けて、Aと一緒に意見書を作成しました。そして、当日、実母と養父、各々の代理人、裁判官を含む調停委員会全員が揃う中、Aは代理人の助けを得て、自分の気持ちを話しました。緊張して口頭では十分に伝えきれなかったのですが、意見書作りを通じて、気持ちの整理ができたことは大きかったといいます。

　父母は、Aの意見を受け止め、応答し、一定程度調停の内容に反映してくれました。それだけでなく、母子が互いの思いを知り、以前よりも母子関係がよくなりました。

　このケースでは、子どもAに手続代理人が付き、手続や事態の進行に応じて、Aと打ち合わせをしている。その過程で、手続代理人

はAの考えや気持ちを聴き、代弁している。また、通常の依頼者と代理人との関係がそうであるように、手続代理人はAに対してアドバイスをして、意思形成支援も行っている。そして、父母との関係調整も行い、Aの意思を十分に踏まえた結論が導かれている。なお、調査官調査が行われるケースでは、調査官との協働が行われている。

❸ どのような仕組みで選任されるのか

このような活動をする子どもの手続代理人は、どのように選任されるのであろうか。

まず、子どもの手続代理人が選任されるのは、子どもが自ら手続に参加している場合である。手続に参加しているから代理人が必要になるのだ。

ただ、子どもが参加できる事件は、家事事件手続法にその旨規定された事件である。具体的には、監護者指定調停・審判、親子交流調停・審判、離婚調停などである（これらの事件で子どもに手続行為能力を認めるという形で規定されている）。そして、**子どもが現実に参加するためには、家庭裁判所の許可**を得なければならない（家事法42条2項、同条を準用する258条1項）。また、子どもには**意思能力が必要**である（一定の発達段階以上にある必要があり、実務上、小学校高学年以上くらいであれば認められると言われているが、それ以下の実例もある）。

こうして手続に参加した子どもに、**裁判所によって子どもの手続代理人が選任される**のである（家事法23条）。なお、**子ども自身が弁護士に依頼して自ら子どもの手続代理人を選任することも可能**である。

裁判所が子どもの手続代理人を選任しようとする際には、地元の弁護士会に推薦依頼を行い、弁護士会では研修を経て名簿に掲載さ

れた弁護士などを推薦し、裁判所が推薦された弁護士を選任するという手順が踏まれることが多い。また、子ども自身が選任しようとする場合には、地元の弁護士会の子どものための電話相談などを通じて依頼につながることが多い（相談先は201頁のCOLUMN参照）。

❹ どのような事案に活用されるのか

　子どもの手続代理人制度については、2014年から2015年にかけて最高裁判所家庭局と日弁連が、その活用について約10か月にわたる協議を行い、日弁連において「子どもの手続代理人の役割と同制度の利用が有用な事案の類型」（2015年7月）を取りまとめているのが参考になる[56]。

　これによれば、制度の利用が有用な事案の一つとして「**子どもの言動が対応者や場面によって異なると思われる事案**」が挙げられている。たとえば、親子交流の事件で、ある場面では子どもは別居親と会いたくないと言うものの、実際に交流すると楽しそうにしている事案などが考えられる。「**子どもの利益に適う合意による解決を促進するために、子どもの立場からの提案が有益であると思われる事案**」なども挙げられており、❷の事例は、これに該当すると思われる。その他、「**子どもの意思に反した結論が見込まれるなど、子どもに対する踏み込んだ情報提供や相談に乗ることが必要と思われる事案**」なども挙げられている。

　制度が2013年に開始し、一定程度実績の積み重ねもある状況ではあるが、未だ十分に活用されているとは言い難い。しかし、前記のとおり、衆参両院の各法務委員会による附帯決議において、子どもの手続代理人の積極的活用について言及されたこともあり、にわかに注目を浴びる状況となっている。

---

[56] 拙稿「子どもの手続代理人制度の充実」自由と正義67巻4号58頁。

❺ 報酬の問題

　しかし、この制度には問題が一つある。子どもの手続代理人の報酬は誰が負担するのかという問題である。

　裁判所が選任した子どもの手続代理人の報酬は、法律上は子ども自身が負担するのが原則であるが（家事法28条1項）、やはり子どもが負担するのはおかしい。そこで、裁判所は、それを父母に負担させることができる（同条2項）。しかし、このことが障害となって選任がなされない場合がある。弁護士に無報酬で仕事をさせるわけにはいかないため、あらかじめ父母の報酬支払いの意思を確認できなければ、裁判所として選任をためらうためだ。

　また、子ども自身が子どもの手続代理人を選任した場合、その報酬は弁護士との委任契約によって決まることとなるが、やはり子どもに負担させることはおかしい。そこで、子ども自身が法テラスの民事法律扶助を利用し、償還義務の免除を受けられるようにすべきであるが、現状ではそのようなことは認められていない。

　こうした現状への対処として、日弁連は弁護士の特別会費から「子どものための法律援助」という基金を設立して、子どもの手続代理人の報酬を給付している。しかし、これは結局「手弁当」と言われる状態であり、根本的解決にはなっていない。

　本来であれば、**裁判所が選任した子どもの手続代理人の報酬は、裁判所が選任した以上、公費負担とすべき**である。また、**子ども自身が選任した子どもの手続代理人の報酬については、子どもが返還義務のない形で民事法律扶助を利用できるようにすべき**である。今後の課題として指摘しておきたい。

6 改正法での積極的活用

　改正法が施行されるにあたり、子どもの手続代理人制度はどのように積極的に活用されていくべきなのであろうか。

　まず、共同親権者間での意見対立がある場合の**親権行使者指定の審判・調停（改正後民法824条の2第3項）における活用**が考えられる。親権行使者指定の審判の利用が見込まれる事案の一つに子どもの進学に関することがあるが、これなどは子どもの主体的関与なしに結論を出すことが困難と思われるからである。

　また、改正法により、親権者変更の申立権が子どもにも認められた（改正後民法819条6項）。**子どもが親権者変更の調停・審判を申し立てる場合**にも、子どもの手続代理人制度は利用できる。この場面での活用も期待される。

　さらに、❷で挙げた事例において、子どもの手続代理人の活動が子どもの権利主体性の確保にとって有益だった様子が見て取れたのではないだろうか。このように、**離婚調停や親権者変更、監護者指定、親子交流など従来からあった事件においても、子どもの権利主体性確保の観点からは、子ども自身が手続に関与することを前提とした子どもの手続代理人制度がもっと積極的に活用されるべきであろう。

7 今後の可能性

　子どもの意見表明の機会が保障され、父母間での子どもの養育に関する事項を決定する際に子どもの意見が真摯に考慮される必要があるのは、何も父母間の紛争が裁判所に持ち込まれた場合に限る話ではない。父母が協議離婚する場合で、裁判所が関与しないときにもその必要はある。未成年期に親の離婚を経験した方々に対するア

ンケート結果を見ても（190頁参照）、その必要性は明らかだ。

今後、**父母の協議離婚の場面においても、子どものための弁護士が子どもを支援する枠組みを構築するべき**であろう。

❽ まとめ

2022年に制定（2023年施行）された「こども基本法」では、こども施策の基本理念として、以下の事項が規定されている。

> （基本理念）
> 第3条　こども施策は、次に掲げる事項を基本理念として行われなければならない。
> 　（中略）
> 三　全てのこどもについて、その年齢及び発達の程度に応じて、**自己に直接関係する全ての事項に関して意見を表明する機会及び多様な社会的活動に参画する機会が確保される**こと。
> 四　全てのこどもについて、**その年齢及び発達の程度に応じて、その意見が尊重され、その最善の利益が優先して考慮**されること。
> 　（以下略）

※太字は筆者による

この基本理念はあらゆるこども施策に及ぶ。司法手続における前記の子どもの手続代理人制度の実践はこれを体現している。近時始まった児童福祉分野における子どもアドボケイト[57]の実践もさらに積み重なっていくだろう。今後、様々な分野、場面でさらなる取組みが行われるべきだ。

我々は、こうした実践を通じて、家庭の問題において、子どもの

---

[57] 児童福祉法6条の3第17項参照。

意見表明が子どもの権利主体性確保のためにどれほど重要で、その最善の利益の実現にとってどれほど有益であるかをすでに知っている。今回の家族法改正の施行に向けて、このことを改めて確認し、本書の締めくくりとしたい。

> **One point check** 子どもの視点から⑧
>
> 　子どもにとって子どもの手続代理人とはどのような存在なのでしょうか。
> 　子どもから聞く声では、自分のために弁護士がいるということ自体がとてもうれしいといいます。弁護士から渡された名刺を大事に持っている子どももいます。
> 　また、弁護士には守秘義務があり、他人には話しにくい家庭内のことも安心して話すことができる存在です。父母に伝えてほしくなければ、それが重大な子どもの利益に反することでない限り、父母に対しても秘密を守ります。子どもに大きな安心感を与えていることでしょう。
> 　弁護士は依頼者の権利及び正当な利益の実現のために活動するため、子どもの不利益になるようなことはしないという信頼感もあるでしょう。
> 　そして何より、弁護士は、子どもが誰かに伝えたいと思うことを、それがどんな意見、考え、気持ちであれ、それを聞き届けるべき相手に責任をもって届けます。この日、この時、この場所で、子どもがそう語ったという歴史的事実を、絶対にかき消しはしません。それが仕事です。このことが子どもに感じ取ってもらえているとすればいいなと思います。

> **COLUMN**

子どもの手続代理人を利用したいときには……

○東京弁護士会　子どもの人権110番
　03-3503-0110
　月〜金：13：30〜16：30（受付時間16：15まで）、17：00〜20：00（受付時間19：45まで）
　土：13：00〜16：00（受付時間15：45まで）
○第一東京弁護士会　子どものための法律相談
　03-3597-7867
　毎週土曜日：15：00〜18：00（年末年始を除く）
○第二東京弁護士会　子どもの悩みごと相談
　03-3581-1885
　火・木・金（祝祭日・年末年始を除く）15：00〜19：00
○その他各地の弁護士会

（いずれも無料）

あとがき

　ある日の夕食のあと、親たるものの責務を定めた改正後民法817条の12を印刷して、高校生の息子に見てもらいました。感想を求めると、息子はしばらくその紙とにらめっこした後、「当たり前のことが書いてある」と言います。親たるもの、子どもの人格を尊重して当たり前、その年齢及び発達の程度に配慮して当たり前、自己と同程度の生活を維持することができるよう扶養して当たり前、子どものためなら協力して当たり前だというわけです。

　たしかに本条は、親なら誰もが果たすべき責務を規定したわけですから、親の「当たり前」を規定したといえます。しかし、翻って考えれば、それをわざわざ民法に書き込まなければいけなかったのは、未だその「当たり前」が当たり前でないからです。その意味では、この規定は子どもたちから親たちに突きつけられた挑戦状といえるかもしれません。

　離婚後共同親権の導入をめぐってはいろいろな議論がありました。改正法はこれに一定の方向づけをしましたが、大切なのはこれからです。家族内の弱者が真に守られるためには、不断の検証と議論が必要です。本書がその一助となれば幸いです。

　本書は法制審議会家族法制部会の委員としての経験に拠っています。その務めを果たすことができたのは、家族法制部会の方々、日本弁護士連合会バックアップ委員会の方々と、それから家族のおかげでした。また、執筆にあたっては、弁護士の佐野みゆきさんと長森亨さんから貴重なアドバイスをいただきました。これらの方々に改めて感謝申し上げます。

　最後に、担当編集者の堂坂美帆さんには多大なサポートをいただきました。どうもありがとうございました。

2025年1月　　　　　　　　　　　　　　　　　　　池田　清貴

著者紹介

池田　清貴 (いけだ・きよたか)

弁護士（くれたけ法律事務所）。法制審議会家族法制部会委員、厚生労働省子どもの権利擁護に関するワーキングチーム委員等を歴任し、現在、東京家庭裁判所調停委員、東京都児童相談所協力弁護士、中央大学法科大学院非常勤講師。離婚や子どもに関する法律問題に多く関わる。主な著書に、『離婚紛争の合意による解決と子の意思の尊重』（共著、日本加除出版、2014年）、『新 実務家のための税務相談　民法編』（共著、有斐閣、2017年）、『親権と子ども』（共著、岩波新書、2017年）、『典型契約の税法務』（共著、日本加除出版、2018年）、『家事事件リカレント講座　離婚と子の監護紛争の実務』（共著、日本加除出版、2019年）等がある。

離婚と子どもをめぐる
令和6年家族法改正のキーポイント
～共同親権・養育費・親子交流～

令和7年2月17日　第1刷発行

著　者　池田　清貴

発　行　株式会社ぎょうせい

〒136-8575　東京都江東区新木場1-18-11
URL：https://gyosei.jp

フリーコール　0120-953-431
ぎょうせい　お問い合わせ　検索　https://gyosei.jp/inquiry/

〈検印省略〉

印刷　ぎょうせいデジタル株式会社　　©2025 Printed in Japan
※乱丁・落丁本はお取替えいたします。
ISBN978-4-324-11480-3
(5108985-00-000)
〔略号：家族法キーポイント〕

**"モラ夫"から脱出するステップと
あなたを守る法律のすべて**

弁護士が教える！

「夫がこわい」を卒業したいあなたの

モラハラ離婚のトリセツ

弁護士法人グレイス 家事部【著】

四六判・定価1,650円（10％税込）〔電子版〕価格1,650円（10％税込）
※電子版は ぎょうせいオンラインショップ 検索 からご注文ください。

モラハラの疑問や不安にていねいに答えます！

「誰のおかげで生活できてると思ってんの？」
「頭ワル」「家事はお前の仕事だろ」——。
他人の目が入りにくい家庭で横行する"モラハラ"。
この本では、「これはモラハラ？」や
「離婚すべき？」という疑問や迷いに
寄り添いながら、モラ夫による支配
から脱出するステップ、モラハラ離婚
の注意点まで、踏み込んで教えます！

詳しくは
コチラから！

目 次

第1章 うちの旦那、モラ夫かも？	第4章 モラハラ離婚のステップは？
第2章 モラ夫とは離婚した方がいい？	第5章 モラハラ離婚後のトラブル
第3章 モラハラ離婚を準備する！	第6章 モラハラ離婚のQ&A

株式会社 ぎょうせい

フリーコール
TEL：0120-953-431 [平日9〜17時] **FAX：0120-953-495**

〒136-8575 東京都江東区新木場1-18-11　https://shop.gyosei.jp　ぎょうせいオンラインショップ 検索